Weide meine Lämmer
C.H. Spurgeon

Christlicher
Missions-
Verlag

Weide meine Lämmer

Ratschläge
für Eltern und Lehrer
C. H. Spurgeon

Christlicher
Missions-
Verlag

ISBN 978-3-86701-851-7
CMV-Bestellnummer: 701-851

Autor: C.H.Spurgeon
© der letzten bekannten deutschen Ausgabe:
    1898 J. G. Oncken Nachfolger GmbH
© 2001 (Hardcover) CMV
© 2009 (Paperback) CMV (Christlicher Missions-Verlag, Bielefeld)
Gesamtgestaltung und Textüberarbeitung: CMV
Printed in Germany

Inhaltsverzeichnis

Vorwort

Ein Buch mit Ratschlägen von unschätzbarem Wert für alle, denen es ein echtes Anliegen ist ihre Kinder zum Herrn zu führen und erst recht für die, die sich der Wichtigkeit dieser Aufgabe noch nicht bewusst sind. Sowohl Lehrer in den Sonntagsschulen als auch Eltern werden großen Nutzen aus dem Lesen dieser Predigten ziehen.

Es ist unmöglich dieses Buch zu lesen, ohne das Feuer zu bemerken, das einst im Herzen des Autors für die Kinder brannte. Die Ratschläge, die C. H. Spurgeon den Eltern und Lehrern gibt, sind heute vielleicht wichtiger denn je. Sie gründen nicht auf vergänglichen Ideologien oder auf Erkenntnissen der Psychologie, sondern allein auf dem Wort Gottes.

Der Herausgeber

Weide meine Lämmer

Wie das Weiden der Lämmer geschehen soll

Für dieses Werk sind die Besten der Gemeinde nicht zu gut. Keiner soll denken, weil er eine andere Aufgabe hat, bräuchte er sich nicht an diesem christlichen Liebeswerk zu beteiligen, sondern er soll vielmehr der Gelegenheit entsprechend zum Dienst an den Kleinen bereit sein. Dem Prediger und allen, die Erkenntnis in göttlichen Dingen besitzen, gilt der Auftrag: „Weide meine Lämmer!" Seht also nach den Kindern, die in Christus Jesus sind. Petrus, der ein Führer der Gläubigen war, musste auch die Lämmer weiden.

Mit Lämmern sind die Jungen der Herde gemeint. Wir sollen also besonders auf die achten, die noch jung in der Gnade sind. In Bezug auf ihr geistliches Leben sind sie vielleicht alt an Jahren und doch noch Kinder in der Gnade – deshalb ist es notwendig, dass sie unter einem guten Hirten stehen. Sobald jemand bekehrt und der Gemeinde hinzugetan worden ist, sollte er Gegenstand der besonderen Sorgfalt und Liebe der anderen Gemeindeglieder sein. Ja, auch wenn wir alle Freunde aufgeben müssten, sollten wir uns mit doppelter Liebe derer annehmen, die erst vor kurzem der Welt entflohen sind und bei dem Herrn und seinem Volk eine Zuflucht gefunden haben. Wacht mit beständiger Sorgfalt über diese neugeborenen Kinder, die viele Bedürfnisse und Wünsche haben. Sie sind eben der Finsternis entschlüpft und ihre Augen sind noch nicht im Stande, das Licht zu ertragen; lasst uns ihnen wie ein Schatten sein, bis sie den Glanz des Evangeliumstages ertragen können.

Widmet euch dem heiligen Dienst euch der Schwachen und Verzagten anzunehmen. Petrus muss sich an jenem Morgen am See Genezareth wie ein aufs Neue eingeschriebener Soldat vorgekommen sein. Dadurch, dass er seinen Herrn verleugnete, hatte er seinem öffentlichen christlichen Leben gewissermaßen ein Ende gesetzt und es wieder neu begonnen, als er „hinausging und bitterlich weinte". Er hatte jetzt vor dem Herrn ein neues Glaubensbekenntnis abgelegt und weil er besonders mit den Rekruten mitfühlen konnte, wird er beauftragt, diesen ein Führer zu sein. Junge Bekehrte sind gewöhnlich zu schüchtern um Hilfe zu erbitten. Deshalb führt der Herr sie zu uns und spricht mit besonderer Betonung: „Weide meine Lämmer!" Und dies wird unser Lohn sein: „Was ihr getan habt einem unter diesen meinen geringsten Brüdern, das habt ihr mir getan." (Mt. 25, 40)

Wir gehören nicht zu denen, die jugendliche Gottesfurcht mit Misstrauen betrachten, haben auch nicht mehr Grund dazu, als bei denen, die im späteren Alter zur Buße kommen. Ja, wir sind sogar der Meinung, dass man bei den Älteren noch genauer nachfragen sollte als bei den Jüngeren. Die Furcht vor der Strafe und vor dem Tod verleitet viel mehr zum falschen Glauben als bloße Kindlichkeit. Ein junger Mensch wurde mit vielem noch nicht konfrontiert, was ihn hätte verderben können. Wie vieles weiß er noch nicht, was er besser nie wissen sollte! O, wie viel mehr Freude und Vertrauen ist an Kindern zu sehen, die zu Gott bekehrt werden, als an älteren Bekehrten zu spüren ist!

Unser Herr Jesus Christus fühlte sich offensichtlich

sehr zu den Kindern hingezogen. Wer also Kinder als eine Last und Plage in der Welt ansieht und sie behandelt, als ob sie einfach kleine Betrüger oder Einfaltspinsel wären, zeigt damit, dass er wenig von Christi Sinn hat. Euch, die ihr in unseren Sonntagsschulen unterrichtet, ist das Vorrecht gegeben herauszufinden, wo die jungen Seelen sind, die wirklich der Herde Christi angehören, euch gilt also sein Auftrag: „Weidet meine Lämmer", das heißt: „unterweist sie".

Es ist auffallend, dass in der Sprache des biblischen Urtextes das Wort „weide meine Lämmer" sich von dem Ausdruck „weide meine Schafe" unterscheidet. Das zweite „weide" könnte auch mit „hüte" übersetzt werden und will sagen: „Übe das Hirtenamt an ihnen aus, regiere, führe sie, halte sie in Ordnung, tu alles, was ein Hirte an seiner Herde zu tun hat." Das erste „weide" schließt das alles nicht ein, sondern meint deutlich: weide. Es macht den Lehrern das zur Pflicht, was sie sonst vielleicht vernachlässigen würden, nämlich die Kinder im Glauben zu unterweisen. Bei den Lämmern ist es nicht so notwendig sie in Ordnung zu halten, als bei uns, die wir viel und doch so wenig wissen, die wir uns einbilden, den anderen weit voraus zu sein und uns deshalb gegenseitig im Ehrgeiz übertreffend untereinander richten und streiten. Christliche Kinder müssen hauptsächlich in der Lehre, in den Vorschriften und dem Leben des Evangeliums unterwiesen werden. Es ist erforderlich, dass ihnen die göttliche Wahrheit klar und kräftig vorgelegt wird.

Weshalb sollten den Kindern die höheren Lehren, die Gnadenlehren, vorenthalten werden? Sie sind wirklich keine Knochen, wie manche behaupten. Wo eine Lehre einem Kind zu schwer ist, ist vielleicht mehr die Auffassung des Lehrers daran schuld als die Unfähigkeit des Kindes, vorausgesetzt, das Kind hat sich wirklich zu Gott bekehrt. Es ist unsere Aufgabe die Lehre einfach zu machen, das ist eine Hauptaufgabe unseres Dienstes. Lehrt die Kinder die ganze Wahrheit und nur die Wahrheit. Unterweisung ist das große Bedürfnis jedes Kindes. Es muss schließlich nicht nur leben, so wie wir Erwachsenen, sondern muss auch noch wachsen und braucht deshalb die doppelte Speise.

Kinder in der Gnade müssen zu größerer Fähigkeit in der Erkenntnis, im Wesen, Tun und Fühlen wachsen, sowie zu größerer Kraft von Gott gelangen – eben deshalb müssen sie vor allem geweidet werden. Sie müssen gut genährt und unterwiesen werden, weil die Gefahr sehr nahe liegt, dass ihr Verlangen auf falsche Weise, nämlich durch Irrtümer befriedigt wird. Die Jugend ist wehrlos gegen falsche Lehren. Mögen wir die jungen Christen in der Wahrheit unterweisen oder nicht – der Teufel wird sicherlich versuchen ihnen seine Irrlehren beizubringen. Wie sorgfältig der sorgfältigste Führer sie auch bewacht, sie werden auf irgendeine Weise Irrlehren hören. Das einzige Mittel die Spreu aus dem kleinen Herzen des Kindes zu halten ist, es bis an den Rand mit gutem Weizen zu füllen. O, dass der Geist Gottes uns helfen möchte das zu tun! Je mehr die Jungen unterwiesen werden, desto besser, das wird sie vor Irrlehren bewahren.

Wir werden besonders ermahnt sie zu weiden, weil sie so leicht übersehen werden. Ich befürchte manchmal, dass unsere Predigten über die Köpfe des jungen

Volks gehen. Und doch sind die Jungen genauso echte Christen wie die älteren. Gesegnet ist der, der so redet, dass auch ein Kind ihn verstehen kann! Gesegnet ist die gottesfürchtige Frau, die sich so in die Gedankengänge ihrer Mädchen hineinversetzen kann, dass die Wahrheit ohne Aufenthalt und ohne Hindernisse von ihrem Herzen in das Herz der Kinder fließt!

Wir werden ferner besonders aufgefordert die Jungen zu weiden, weil dieses Werk sehr lohnenswert ist. Mit solchen, die sich erst im späteren Leben bekehren, kann man nicht mehr viel anfangen. Wir freuen uns natürlich sehr um ihrer selbst willen, aber was bleibt einem Siebzigjährigen noch übrig, selbst wenn er noch zehn Jahre lebt? Das Kind dagegen, das man für den Herrn erzieht, mag noch fünfzig Jahre im Dienst Gottes vor sich haben. Wir heißen alle herzlich willkommen, die um die elfte Stunde noch in den Weinberg kommen. Doch kaum haben sie das Winzermesser in der Hand, da geht auch schon die Sonne unter und ihr kurzes Tagwerk ist zu Ende. Zur Erziehung des spät Bekehrten wird mehr Zeit benötigt als ihm zum Dienst gelassen wird. Die frühe Gottesfurcht eines gut angeleiteten und unterwiesenen Kindes dagegen kann zu einer ausgezeichneten Gottesfurcht heranreifen. Das Kind mag eine Reihe von Jahren vor sich haben, in denen Gott verherrlicht wird und andere gesegnet werden. Ist solche Arbeit nicht wirklich lohnenswert?

Das Werk ist auch im Blick auf uns selbst eine Wohltat. Es hilft uns Demut zu üben und stärkt uns auch in der Geduld. Wer das bezweifelt, sollte einen Versuch machen. Er wird bald herausfinden, dass junge

Christen die Geduld derer auf die Probe stellen, die ihnen Vertrauen schenken und die so gerne dieses Vertrauen gerechtfertigt sehen möchten. Wer weitherzige Männer und Frauen sucht, der suche sie zuerst unter denen, die sich viel mit den Jungen beschäftigen, die um Jesu willen ihre Dummheiten ertragen und Geduld mit ihren Schwachheiten haben.

Wehrt den Kindern nicht

Wir wollen zunächst sehen, worin dieses „den Kindern wehren", sie hindern zum Heiland zu kommen, besteht. Ich denke, ein Hindernis liegt in dem Gottesdienst. Die Predigt geht über die Köpfe der Kinder hinweg, der Prediger sieht nicht ein, dass das sein Fehler ist – im Gegenteil, er freut sich sogar, dass dies der Fall ist. Vor einiger Zeit schrieb einer, vermutlich um mich meine Unbedeutsamkeit fühlen zu lassen, er hätte einige Afrikaner getroffen, die meine Predigten anscheinend mit Vergnügen gelesen hätten und fügte hinzu, dass sie für „Neger" sicherlich sehr passend gewesen wären. Ja, mein Predigen sei geradezu „Material für Neger". Der Betreffende hatte keine Ahnung von der aufrichtigen Freude, die er mir bereitete. Denn, wenn ich von armen Leuten, von Dienstmädchen und Kindern verstanden werde, dann bin ich überzeugt, dass auch andere mich verstehen können. Es ist mein Stolz für „Neger" zu predigen, wenn damit die Geringsten und Einfältigsten gemeint sein sollen.

Man hört gelegentlich sagen: „Der und der eignet sich nur zum Unterrichten der Kinder, er ist kein Prediger." Ich sage euch: Wer kein Herz für Kinder hat, ist in Gottes Augen kein Prediger. Jeder Gottesdienst, jede Predigt sollte wenigstens einen Teil enthalten, der sich für Kinder eignet. Es ist ein Fehler, wenn wir das vergessen.

Eltern machen sich derselben Sünde schuldig, wenn sie bei der Erziehung ihrer Kinder den Glauben ausschließen. Sie sind vielleicht der Meinung, dass diese nicht bekehrt werden können, solange sie Kinder sind, eben deshalb halten sie es für eine Sache von geringer Bedeutung, in welche Schule sie ihre Kleinen schicken. Das ist aber keineswegs unwichtig. Leider vergessen das manche Eltern selbst dann noch, wenn ihre herangewachsenen Mädchen und Knaben schon am Ende der Schuljahre stehen und schicken sie zum Studium an Orte, von denen sie verdorben zurückkehren! Was wir säen, das werden wir ernten. Lasst es unser erstes Anliegen sein, dass unsere Kinder zum Heiland kommen.[1] Lasst uns den Namen Jesus schon mit dem ABC vermischen. Lasst die Kleinen ihre ersten Lektionen aus der Bibel lesen. Es ist merkwürdig, dass es kein Buch gibt, aus dem die Kinder so schnell lesen lernen, wie aus dem Neuen Testament. Dieses Buch hat einen großen Reiz für das kindliche Gemüt. Lasst uns als Eltern in Bezug auf die christliche Erziehung unserer Kinder uns nie der Vergesslichkeit schuldig machen; wir könnten sonst Blut auf uns herabziehen.

Ein anderer Grund besteht darin, dass in vielen unserer Gemeinden und Kirchen keine Kinderbekehrungen erwartet werden; ich meine, dass man nicht erwartet, dass Kinder als solche sich bekehren könnten. Die allgemeine Theorie besteht darin, dass, wenn wir den jungen Gemütern Grundsätze einprägen können, die sich ihnen in den späteren Jahren als

---

[1]*Anmerkung des Herausgebers: Es soll an dieser Stelle nicht das Missverständnis entstehen, dass das Kind zur Bekehrung gedrängt werden soll. Kleine Kinder lassen sich leicht manipulieren und bekehren sich schnell auf das Drängen oder Überreden der Eltern oder Lehrer hin. Das wäre ein Missbrauch der altersbedingten Überlegenheit, aber der richtige Umgang mit Kindern erfordert einfühlsame Wahrnehmungsfähigkeit für das kindliche Herz. Das darf allerdings nicht bedeuten, dass man Kinder davon abhält zum Heiland zu kommen und sie auffordert bis zum Erwachsensein zu warten.*

nützlich erweisen, schon viel geschehen ist; aber dass Kinder sich als Kinder bekehren und genauso wie die Älteren als Gläubige angesehen werden können, hält man für geschmacklos. Trotzdem klammere ich mich von ganzem Herzen an diese Geschmacklosigkeit und glaube, dass den Kindern das Reich Gottes gehört, sowohl auf Erden als auch im Himmel.

Wie oft erwartet man von den Jungen und Mädchen denselben Ernst im Wesen und Verhalten, wie er sich bei älteren Leuten erweist! Es wäre gut, wenn wir alle nie das mädchen- und jungenhafte, das kindliche Wesen, abgelegt, sondern nur den guten Eigenschaften eines Kindes die Tugenden eines Mannes oder einer Frau hinzugetan hätten. Es ist doch sicherlich nicht notwendig das Kind zu töten um es zu einem Heiligen zu machen! Die strengen Eltern glauben, ein Kind müsste in einer Minute um zwanzig Jahre älter geworden sein. Eine solche Person rief mich eines Tages, nachdem ich mich schon der Gemeinde angeschlossen hatte, vom Spielplatz weg um mir vorzuhalten, dass ich mit den anderen Jungen Ball spielen würde. „Wie kannst du als Kind Gottes mit den anderen spielen?", fragte der Betreffende. Ich antwortete, ich sei als Schulgehilfe eingestellt und es gehöre zu meinen Pflichten mit den anderen zu spielen. Mein ehrwürdiger Kritiker meinte zwar, das würde die Sache schon sehr ändern. Es war ihm aber trotzdem deutlich anzusehen, dass seiner Ansicht nach ein bekehrter Junge niemals spielen darf.

Erwarten nicht andere von den Kindern ein besseres Verhalten als von sich selbst? Wenn ein gläubiges Kind sich zum Jähzorn oder in nur geringem Ausmaß zu einer falschen Handlung hinreißen lässt, dann wird es ohne weiteres von solchen, die selbst weit von der Vollkommenheit entfernt sind, als Heuchler verschrien. Der Herr Jesus sagt: „Seht zu, dass ihr nicht jemand von diesen Kleinen verachtet." (Mt. 18, 10) Hütet euch, dass ihr nicht ein hartes Wort gegen eure jüngeren Geschwister im Herrn äußert. Der große Kinderfreund hält so viel von seinen Lämmern, dass „Er sie in seine Arme sammelt und in seinem Gewandbausch trägt" (Jes. 40, 11). Deshalb fordere ich euch, die ihr dem Herrn folgt, dazu auf den Kleinen aus der göttlichen Familie eine ähnlich zarte Liebe zu erweisen.

„Und sie brachten Kinder zu Ihm, damit Er sie anrührte. Die Jünger aber fuhren sie an. Als aber Jesus es sah, wurde Er unwillig und sprach zu ihnen: Lasst die Kinder zu mir kommen! Wehrt ihnen nicht, denn solchen gehört das Reich Gottes." (Mk. 10, 13. 14) Er war nicht oft „unwillig", noch seltener „sehr unwillig"; wenn Er es aber war, muss es eine ernste Ursache gehabt haben. Er war unwillig darüber, dass diese Kinder von Ihm gewiesen wurden, denn es war genau das Gegenteil von seiner Einstellung ihnen gegenüber. Die Jünger taten auch den Müttern Unrecht, indem sie dieselben für eine mütterliche Handlung tadelten, die der Herr Jesus so gern sah. Aus Hochachtung gegen Jesus brachten sie ihre Kinder zu Ihm. Sie schätzten einen Segen von seiner Hand höher als Gold und erwarteten, dass der Berührung des großen Propheten der göttliche Segen folgen würde. Ja, sie haben vielleicht gehofft, dass eine Berührung von der Hand Jesu das Leben ihrer Kleinen zu einem sonnigen, glücklichen machen wird. Wenn die Gedanken der Mütter auch ein gewisses Maß an Schwäche aufweisen mögen, der Herr Jesus beurteilte das nicht hart, was aus Achtung vor seiner Person geschehen war. Er war deswegen sehr unwillig, weil diese Frauen, die Ihn ehren wollten, so hart abgewiesen wurden.

Auch den Kindern geschah von Seiten der Jünger Unrecht. Die lieben Kleinen! Womit hatten sie es denn verdient, für das Kommen zu Jesus so hart abgewiesen zu werden? Sie hatten sich ja nicht aufdrängen wollen. Wären sie nicht gerne dem Lehrer mit seiner freundlichen Stimme, Ihm, der durch seine liebevollen Worte nicht nur Erwachsene, sondern auch Kinder anzog, zu Füßen gefallen? Die lieben Kleinen hatten wirklich nichts Böses vor, weshalb sollten sie denn getadelt werden?

Und taten die Jünger nicht dem Herrn selbst Unrecht? Musste nicht ihr Verhalten bei den Umherstehenden den Eindruck erwecken, der Herr Jesus sei steif, zurückhaltend und eingebildet wie die Rabbiner? Wenn Er sich nicht zu den Kindern herablassen könnte, würde das den Ruf von seiner großen Liebe sehr schmälern. Sein Herz war ein großer Hafen, in dem auch viele kleine Schiffe Anker werfen konnten. Jesus, der Kinderfreund, fühlte sich nie heimischer als bei den Kindern. Und nun sollte Er von seinen eigenen Jüngern als einer hingestellt werden, der Kindern die Tür verschloss? Das war wirklich eine betrübende Verleumdung seines Charakters! Kein Wunder also, dass der Heiland über das dreifache Übel, das die Jünger den Müttern, den Kindern und Ihm selbst angetan hatten, sehr unwillig war. Alles, wodurch wir ein Kind hindern zu Ihm zu kommen, missfällt Ihm sehr. Er ruft auch uns zu: „Lasst sie! Lasst die Kinder zu mir kommen und wehrt ihnen nicht!"

Das Fernhalten der Kinder widersprach außerdem seinen Lehren, denn Er sagte weiter: „Wahrlich, ich sage euch: Wer das Reich Gottes nicht empfängt wie ein Kind, der wird nicht hineinkommen." Der Herr Jesus hat nie behauptet, dass in uns etwas Gutes sei, noch dass erst eine Anzahl von Jahren uns befähigen würde die Gnade Gottes anzunehmen. All sein Lehren ging vielmehr darauf hinaus, dass wir gar nichts sind, dass es, je geringer und schwächer wir in unseren eigenen Augen sind, umso besser um uns steht. Wo am wenigsten von dem eigenen Ich ist, da ist am meisten Raum für die göttliche Gnade. Glaubst du auf der Leiter der Erkenntnis und des Wissens zu Jesus zu kommen? Komm runter, lieber Freund! Du wirst Ihn am Fuße der Leiter treffen. Willst du den Heiland auf dem steilen Berg der Erfahrung erreichen? Komm herunter, Er steht in der Ebene. „Aber, o, wenn ich erst alt bin, dann werde ich für Ihn bereit sein!", sagst du. Bleibe wo du bist, junger Mann! Der Herr Jesus tritt dir an der Tür deines Lebens entgegen! Du bist nie in einer besseren Situation gewesen Ihm zu begegnen, als du es jetzt bist. Er fordert weiter nichts von dir, als dass du selbst nichts wirst und Er alles in dir wird. Das ist seine Lehre. Ein Kind abzuweisen, weil ihm das Eine oder das Andere noch fehlt, ist dieser herrlichen Lehre gerade entgegengesetzt!

Noch einmal: Das Wehren der Jünger war das genaue Gegenteil vom Tun des Heilands. Er ließ sie das daran erkennen, dass Er „die Kinder auf die Arme nahm, sie herzte, die Hände auf sie legte und sie segnete". In seinem ganzen Leben hat Er keine Spur von Verwerfung oder Abweisung gegen Kinder gezeigt. Er konnte mit Recht sagen: „Wer zu mir kommt, den werde ich nicht hinausstoßen." (Joh. 6, 37) Würde Er jemand hinausstoßen, weil er zu jung wäre, dann würde das im Widerspruch zu seinen Worten stehen. Das kann aber nie und nimmer der Fall sein. Er nimmt alle an, die zu Ihm kommen. Von Ihm heißt es: „Dieser nimmt die Sünder an und isst mit ihnen." (Lk. 15, 2) Sein ganzes Leben lang hätte man Ihn als einen Hirten mit einem Lamm an der Brust malen können, nie als einen harten Hirten, der seine Hunde auf die Lämmer hetzt und sie samt ihren Müttern von sich treibt.

Die Jünger und die Mütter

Die zwölf Apostel des Herrn waren hoch geehrte Leute, selbst bei allen ihren Schwächen und Fehlern muss der ständige Umgang mit dem so vollkommenen, liebevollen Herrn einen sehr veredelnden Einfluss auf sie ausgeübt haben. Ich ziehe daraus den Schluss, dass, wenn sogar diese Männer die Mütter anfuhren, die ihre Kinder zu Jesus brachten, diese Härte in der Gemeinde Gottes ziemlich stark verbreitet sein muss, ja, dass der Frost dieses Übels fast überall zu spüren ist. Ich möchte natürlich keine lieblosen Behauptungen aufstellen. Dennoch denke ich, dass, wenn wir ein wenig nachforschen würden, so mancher von uns sich in diesem Bereich schuldig finden und wie Pharaos Mundschenk ausrufen würde: „Ich gedenke heute an meine Sünde!"

Haben wir uns die Bekehrung von Kindern genauso wichtig sein lassen wie die von Erwachsenen? Wie? Haltet ihr mich für sarkastisch? Liegt euch überhaupt eure eigene Bekehrung oder die irgendeines anderen am Herzen? Was soll ich euch sagen? Es ist schrecklich, wenn der Kainssinn in das Herz eines Gläubigen dringt und ihn sagen lässt: „Soll ich meines Bruders Hüter sein?" Es ist schrecklich, wenn wir selbst das Leckere essen und das Süße trinken und die hungernden Mengen hungern und umkommen lassen. Aber sagt jetzt, wenn euch die Rettung der Seelen am Herzen liegt – würdet ihr es nicht für eine zu gewöhnliche, geringe Sache ansehen mit Jungen und Mädchen anzufangen? Ihr sagt Ja. Leider wird dieses Gefühl von zu vielen geteilt. Dieser Fehler ist weit verbreitet.

Ich glaube, dass bei den Aposteln dieses Gefühl durch den Eifer für Jesus veranlasst wurde. Die lieben Leute dachten, die Kinder zu Jesus zu bringen würde eine nutzlose Störung verursachen. Schließlich war er doch auf eine viel bessere Weise beschäftigt: Er hatte die Pharisäer zurechtgewiesen, den Volksmengen gepredigt und Kranke geheilt. Konnte es denn richtig sein Ihn mit Kindern zu belästigen? Die Kleinen konnten ja doch weder seine Predigt verstehen noch brauchten sie seine Wunder. Weshalb sollten sie also zu Ihm gebracht werden um Ihn in seinem großen Werk zu stören? Deshalb sprachen die eifrigen Jünger zu den Müttern, wenn auch nicht mit denselben Worten, so doch sinngemäß: „Bringt eure Kinder zurück, gute Frauen. Lehrt sie selbst das Gesetz, unterweist sie selbst in den Psalmen und Propheten und betet mit ihnen. Es können nicht jedem Kind die Hände Jesu aufgelegt werden. Wenn wir auch Kinder zu unserem Meister gehen lassen wollten, dann würden uns bald alle Kinder der Nachbarschaft umschwärmen und sein Werk würde traurigerweise unterbrochen werden. Seht ihr das denn nicht ein? Wie habt ihr nur so gedankenlos handeln können!"

Die Ehrerbietung der Jünger vor dem Herrn war so groß, dass sie lieber die Kleinen fortschicken wollten, damit nicht der große Rabbi als Lehrer kleiner Kinder dasteht. Das mag wie ein Eifer für Gott ausgesehen haben, doch es war ein Eifer ohne Verstand.

Der Unwille der Apostel über die zum Heiland gebrachten Kinder entsprang in gewissem Maße aus ihrer Unwissenheit über die Bedürfnisse der Kleinen. Wenn irgendjemand aus der großen Menge gesagt hätte: „Ich muss mein Kind zum Meister bringen, denn es wird übel vom Teufel geplagt", so hätte weder Petrus noch Jakobus noch Johannes etwas dagegen einzuwenden gehabt, sondern jeder hätte gern geholfen das besessene Kind zum Heiland zu bringen. Oder angenommen, eine andere Mutter hätte gesagt: „Mein Kind leidet an einer auszehrenden Krankheit und ist nur noch Haut und Knochen; erlaubt mir, dass ich meinen Liebling herbringe, damit der Herr Jesus ihm die Hand auflegt." – Alle Jünger würden wie aus einem Munde geantwortet haben: „Macht dieser Frau Platz!" Aber diese Kleinen mit ihren hellen Augen, ihrer beweglichen Zunge und ihren gelenkigen Gliedern – warum sollten diese zu Jesus kommen? Die Jünger vergaßen ganz, dass diese Kleinen trotz all ihrer Freude und Gesundheit, trotz ihrer anscheinenden Unschuld sehr den Gnadensegen des Heilands brauchten.

Wenn du denkst deine Kinder bräuchten sich nicht zu bekehren, dass Kinder christlicher Eltern bedeutend besser sind als andere und Gutes in sich haben, das nur entwickelt werden muss, dann ist damit ein kräftiger Beweggrund zu deinem gottesfürchtigen Ernst verschwunden. Glaube mir, deine Kinder brauchen den Geist Gottes, der ein neues Herz und einen neuen Geist in ihnen schafft, ohne diese gehen sie in die Irre wie alle anderen. Vergiss nicht, dass auch in der jungen Brust ein Stein liegt, der den Untergang des Kindes herbeiführt, wenn er nicht weggenommen wird. Wenn auch die Neigung und Richtung zum Bösen sich noch nicht zur Tat entwickelt hat, so ist doch diese Neigung vorhanden und muss durch die göttliche Kraft des Heiligen Geistes überwunden werden, durch die das Kind zur Wiedergeburt kommt. O, dass die Gemeinde Gottes doch die alte jüdische Idee fallen lassen würde, dass die natürliche Geburt Bundesprivilegien mit sich bringt! Schon im Alten Testament gab es Hinweise, dass der wahre Same nicht nach dem Fleisch, sondern nach dem Geist geboren wird, wie es zum Beispiel bei Ismael und Isaak, Esau und Jakob der Fall war. Will denn die Gemeinde Gottes nicht einmal erkennen, dass „was vom Fleisch geboren wird, das ist Fleisch und was vom Geist geboren wird, das ist Geist"(Joh. 3, 6)? „Wer will einen Reinen finden bei denen, da keiner rein ist?" (Hiob 14, 4) Die natürliche Geburt schließt die Unreinigkeit der Natur ein, sie kann aber nicht die Gnade mitgeben. Im Neuen Testament wird ausdrücklich gesagt, dass Gottes Kinder „nicht aus dem Geblüt, noch aus dem Willen des Fleisches, noch aus dem Willen eines Mannes, sondern aus Gott geboren sind." (Joh. 1,13) Unter dem Alten Bund gewährte die Geburt nach dem Fleisch Vorzüge, um aber unter den Bund der Gnade zu kommen, musst du wiedergeboren werden. Die erste Geburt bringt dir nichts als die Erbschaft des ersten Adams – um sich unter die Führung des zweiten Adams zu stellen, bedarf es der Wiedergeburt.

„Aber", sagt jemand, „es steht ja geschrieben: 'Euer und eurer Kinder ist diese Verheißung'!" (Apg. 2, 39) Niemals ist größeres Unrecht begangen worden, als durch Anführung dieses Textes in dem Sinne, wie er so häufig angeführt wird. Nicht selten habe ich diese Worte zur Bestätigung einer Lehre erwähnen hören, die weit von dem entfernt ist, was sie so deutlich aussagen. Wenn man einen Satz in der Mitte abbricht und die andere Hälfte weglässt, so spricht er vielleicht genau das Gegenteil von dem, was er eigentlich sagen sollte. Der erwähnte Text lautet in Wirklichkeit: „Denn euer und eurer Kinder ist diese Verheißung und aller, die ferne sind, welche Gott, unser Vater, herzurufen wird." Diese großartig weite Darstellung ist der Beweis, auf dem die Ermahnung gegründet ist: „Tut Buße und ein jeglicher lasse sich taufen auf den Namen Jesu Christi." Es ist nicht eine Verkündigung von der Bevorzugung irgendeines Menschen, sondern ein Angebot der Gnade sowohl an alle, die fern sind, als auch an die Anwesenden und ihre Kinder.

Im ganzen Neuen Testament wird nicht mit einem Wort gesagt, dass die Segnungen der göttlichen Gnade in irgendeinem Grad durch natürliche Geburt und Abstammung weitergegeben werden können. Es kommen vielmehr die, „welche Gott, unser Herr, hinzurufen wird". Wie kann man sich nur die Frechheit herausnehmen einen halben Text abzureißen um dadurch zu behaupten, was nicht wahr ist! Ihr müsst vielmehr mit Schmerz auf eure Kinder blicken als auf solche, die in Sünden empfangen und geboren, die „Kinder des Zorns von Natur sind, gleichwie auch die anderen" (Eph. 2, 3). Auch wenn ihr selbst einer Reihe gottesfürchtiger Voreltern angehört und einen Stammbaum voller ausgezeichneter Diener Gottes habt, so nehmen eure Kinder dennoch genau denselben Standpunkt ein wie alle anderen Kinder auch. Auch sie müssen durch das teure Blut Jesu Christi von dem Fluch des Gesetzes erlöst und durch das Wirken des Heiligen Geistes eine neue Natur bekommen.

Auch wenn sie dadurch bevorzugt werden, indem sie eine christliche Erziehung genießen und mit dem Evangelium bekannt gemacht werden, so sind sie doch genauso erlösungsbedürftig und sündig wie alle anderen Menschenkinder auch. Wer darüber nachdenkt, wird schon einsehen lernen, weshalb die Kinder zu Jesus gebracht, weshalb sie so bald wie nur möglich auf den Armen eures Gebets und Glaubens Dem zugeführt werden sollen, der im Stande ist sie zu erneuern.

Ich habe hin und wieder bei Kindern zwischen zehn und zwölf Jahren eine tiefere geistliche Erfahrung vorgefunden, als bei manchen Personen in ihrem fünfzigsten oder sechzigsten Lebensjahr. Ein altes Sprichwort sagt, dass manches Kind mit einem Bart geboren wird. Manche Jungen sind kleine Männer, manche Mädchen kleine Frauen. Man kann das Leben nicht nach seinem Alter messen. Ich kenne einen Jungen, von dem, als er fünfzehn Jahre alt war, die Leute sagten: „Der Junge ist sechzig Jahre alt, er spricht mit so viel Einsicht über die göttlichen Wahrheiten!" Dieser 15-jährige Junge wusste vielleicht mehr von den göttlichen Dingen als seine Umgebung. Wie das zugeht, kann ich nicht erklären. Ich weiß aber, dass es vorkommt, dass mancher alt ist, wenn er jung ist und dass mancher recht „grün" ist, wenn er schon alt ist. Manche sind weise, wenn man das Gegenteil von ihnen erwartet, während andere noch sehr töricht sind, wenn man glaubt, sie hätten die Torheit längst abgelegt. Sagt also nicht, dass ein Kind unfähig zur Buße sei! Ich habe ein Kind gekannt, das sich einen Monat lang unter einem drückenden Sündengefühl jeden Abend in den Schlaf weinte. Wenn ihr von einer tiefen, bitteren Furcht vor dem Zorn Gottes wissen wollt, so könnte ich euch sagen, wie ich sie als Junge fühlte. Wenn ihr von Freude im Herrn hören möchtet, nun, manches Kind ist so voll davon gewesen, wie sein kleines Herz es nur fassen konnte. Wer wissen will, was Glaube an Jesus ist, mag sich die lieben Kinder ansehen, die den Heiland beim Wort genommen, an Ihn geglaubt, Ihn geliebt haben und ganz sicher sind, dass sie errettet sind und selig werden. Im Kind liegt mehr Fähigkeit zum Glauben als in einem Mann. Diese Fähigkeit nimmt im Laufe der Zeit immer mehr ab. Jedes Jahr bringt den Nichtwiedergeborenen weiter von Gott weg und raubt ihm immer mehr die Fähigkeit für die Aufnahme göttlicher Dinge. Kein Boden ist für den guten Samen so gut vorbereitet wie der, der noch nicht wie die Landstraße hartgetreten oder mit Dornen überwachsen ist. Da das Kind noch nicht den Betrug des Stolzes, die Falschheit des Ehrgeizes, die Trugbilder der Weltlichkeit, die Schliche des Handels, das Gerede der Philosophie kennengelernt hat, hat es in dieser Hinsicht dem Erwachsenen viel voraus. In jedem Fall ist die Neugeburt das Werk des Heiligen Geistes, der nicht weniger leicht auf die Jungen wirken kann als auch auf die Alten.

Manche haben die Kinder gehindert, weil sie ihren Wert vergessen hatten. Der Preis einer Seele wird nicht nach ihrem Lebensalter berechnet. „O, es ist nur ein Kind!" „Kinder sind eine Plage!" „Kinder sind einem immer im Weg!" Solche und ähnliche Aussagen sind leider nicht selten. Gott wolle denen vergeben, die die Kleinen verachten! Werdet ihr mir böse sein, wenn ich sage, dass ein Junge der Errettung mehr wert ist als ein Mann? Es ist eine unendliche Barmherzigkeit Gottes auch die Alten, Greise und Greisinnen zu bekehren; aber was können sie jetzt noch ausrichten!? Wenn wir sechzig, siebzig Jahre alt sind, sind unsere Kräfte fast erschöpft. Was bleibt noch für Gott, wenn wir unsere frühere Lebenszeit im Dienst des Teufels zugebracht haben!? Aber aus diesen lieben Mädchen und Jungen ist etwas zu machen. Wenn sie sich jetzt dem Herrn hingeben, haben sie vielleicht noch ein langes, glückliches, gesegnetes Leben vor sich, in dem sie von ganzem Herzen für Ihn leben können. Wer weiß, wie sie zur Verherrlichung Gottes dienen können! Wer weiß, ob man ihnen nicht in fernen, heidnischen Ländern danken wird, ob nicht ganze Völker durch sie zum Licht des Evangeliums gelangen werden! Wie ein berühmter Schulmeister vor seinen Jungen den Hut zu ziehen pflegte, weil vielleicht einer von ihnen einmal der Premierminister werden könnte, so können auch wir mit Recht auf bekehrte Kinder schauen, die, wer weiß wie bald, Himmelsbewohner sein werden oder noch vorher ihr Licht hell unter den Menschen leuchten lassen werden. Lasst uns die Kinder nach ihrem wahren Wert schätzen – dann werden wir sie sicherlich nicht zurückhalten, sondern es wird uns sehr am Herzen liegen sie ohne zu säumen zu Jesus zu bringen.

Je nach unserer geistlichen Einstellung oder unserer eigenen Kindlichkeit des Herzens werden wir uns unter Kindern zu Hause fühlen, auf ihre kindlichen Befürchtungen und Hoffnungen eingehen, werden ihren knospenden Glauben und ihre sich eröffnende

Liebe verstehen können. Unter jungen Bekehrten werden wir uns wie in einem Blumengarten oder einem Weinberg fühlen, wo die zarten Blüten und Früchte einen angenehmen Duft verbreiten.

Der Hirte

Simon Petrus war ein feuriger, lebhafter Mann, einer, der das Interesse der Jungen zu gewinnen verstand. Kinder sammeln sich gern um ein Feuer, sei es auf dem Herd oder im Herzen. Manche Menschen scheinen aus Eis gemacht zu sein – von diesen nehmen die Kinder bald Abstand. Wenn kaltblütige Wesen die Leitung über Gemeinden und Sonntagsschulklassen haben, schmelzen beide nach und nach immer mehr zusammen. Wenn aber der Lehrer oder die Lehrerin ein freundliches Herz und Wesen haben, sammeln sich die Kinder gern um sie, ähnlich wie die Fliegen im Herbst einer warmen, sonnigen Mauer zuschwärmen.

Simon Petrus war darüber hinaus ein erfahrener Mann. Er hatte seine eigene Schwachheit erfahren und den Stachel des Gewissens gespürt; er hatte viel gesündigt, ihm war viel vergeben worden; und er hatte jetzt in zarter Demut ein Bekenntnis von seiner Liebe zu Jesus abgelegt. Wir brauchen für bekehrte Kinder erfahrene Männer und Frauen, die ihnen sagen können, was der Herr für sie getan hat, die aus Erfahrung von Gefahren, Sünden, Schmerzen und Tröstungen reden können. Die Jungen hören gern die Geschichte derer, die auf dem Weg schon weiter gekommen sind als sie selbst. Von erfahrenen Christen könnte man sagen: „Auf den Lippen des Verständigen findet man Weisheit." (Spr. 10, 13) Liebevoll erzählte Erfahrungen sind für junge Gläubige geeignete Nahrung und Belehrung und werden ihnen unter dem Segen Gottes zum Wachstum in der Gnade dienen.

Simon Petrus war jetzt ein sehr verschuldeter Mann. Er schuldete dem Herrn Jesus viel, entsprechend der Regel seines Reiches: „Wem viel vergeben ist, der liebt viel." (Lk. 7,47) Ihr, die ihr euch nie an diesem Werk für Christus beteiligt habt und es doch so gut könntet, kommt hervor und überlasst es nicht länger jüngeren Händen! Kommt gleich und sagt: „Ich will es tun. Es fehlt mir nicht an Erfahrung und ich denke, ich habe noch eine offene, warme Ecke in der Brust. Ich will mich also den Arbeitern anschließen, die unermüdlich im Namen des Herrn die Lämmer weiden." Ein solcher ist ein Hirte, ein Mann, der berufen ist die Lämmer zu weiden.

Wenn der Herr einen Menschen zu einer Arbeit ruft, gibt Er ihm auch die nötige Vorbereitung dazu. Wie wurde Petrus zum Weiden der Lämmer vorbereitet? Zunächst dadurch, dass er selbst geweidet, gespeist wurde. Bevor der Herr ihm einen Auftrag gab, hatte Er ihm ein Mahl gegeben. Du kannst weder Lämmer weiden noch Schafe hüten und weiden, wenn du nicht selbst auf der Weide gewesen bist. Es ist ja ganz richtig, wenn du einen großen Teil des Sonntags mit dem Unterrichten verbringst, aber ich halte es nicht für weise, wenn der Sonntagsschullehrer oder Helfer nicht kommt um selbst das Evangelium zu hören und ein Mahl für die eigene Seele zu bekommen. Lass zuerst dich selbst speisen und dann weide und speise andere.

Simon Petrus hatte die beste Vorbereitung zum Weiden dadurch, dass er bei seinem Herrn war. Wie hätte er diesen Morgen mit allen seinen Ereignissen vergessen können! Es war die Stimme Jesu, die er gehört hatte, der Blick Jesu, der ihm ins Herz gedrungen war, er atmete die Luft ein, die den auferstandenen Herrn umgab. Die Gemeinschaft mit Jesus durchströmte das Herz des Jüngers und gab seinen Worten den richtigen Ton, sodass er später hinausgehen konnte um die Lämmer zu weiden. Ich möchte euch ja das Studium lehrreicher Bücher empfehlen, empfehle aber vor allem das Studium Jesu Christi. Lasst Ihn eure Bibliothek sein. Sucht seine Nähe. Eine in der Gemeinschaft mit Jesus verbrachte Stunde ist die beste Vorbereitung zum Unterweisen von Jungen und Alten.

Simon Petrus wurde auch auf eine schmerzlichere Weise vorbereitet, nämlich durch Selbstprüfung. Dreimal richtete der Herr die Frage an ihn: „Simon, Sohn des Johannes, hast du mich lieb?" Das Gefäß muss gewöhnlich erst gescheuert werden, bevor der Herr es nutzen kann um das Wasser unter den Durstigen auszuteilen. Es schadet einem Aufrichtigen aber nie sich selbst zu prüfen oder sich von seinem Herrn erforschen und prüfen zu lassen. Nur der Heuchler, der sich vor der Wahrheit scheut, durch die sein Bekenntnis auf die Probe gestellt wird, fürchtet sich vor solchen Gesprächen und Betrachtungen. Der ehrliche, aufrichtige Mensch dagegen, der gern sicher wissen möchte, ob er seinen Heiland wirklich lieb hat, schaut gern in sich hinein und stellt sich selbst prüfende Fragen.

Die Selbstprüfung soll sich hauptsächlich auf unsere Liebe beziehen. Die beste Vorbereitung zum Weiden der Lämmer ist die Liebe Christi – Liebe zum Heiland und zu ihnen selbst. Wir können keine Priester für sie sein, wenn wir nicht ihre Namen auf oder vielmehr in der Brust tragen. Ohne Liebe können wir ihnen nicht zum Segen sein. Ohne Liebe ist das Leben eine armselige Sache. Es ist wie wenn ein Schmied ohne Feuer, ein Maurer ohne Mörtel arbeiten wollte. Ein Hirte, der seine Schafe nicht liebt, ist ein Mietling und kein Hirte; zur Zeit der Gefahr wird er die Flucht ergreifen und seine Herde dem Wolf überlassen. Wo keine Liebe ist, ist auch kein Leben; lebendige Lämmer können nicht von toten Menschen geweidet werden.

Wir predigen und lehren Liebe, die Liebe Gottes in Christus ist unser Thema. Aber wie können wir dies lehren, wenn wir nicht selbst Liebe haben? Unser Ziel ist in den Herzen derer, die wir unterweisen, Liebe zu wecken und wo sie schon vorhanden ist sie zu pflegen. Wie können wir sie aber forttragen, wenn sie nicht in unserem eigenen Herzen entzündet ist? Diese Lämmer der Herde leben in der Liebe Christi, sollen sie denn nicht auch in der unsrigen leben? Er nennt sie seine Lämmer und das sind sie ja auch; sollen wir sie denn nicht um seinetwillen lieb haben? Sie wurden in Liebe erwählt, in Liebe gerufen, in Liebe gewaschen und erlöst, durch Liebe wurden sie geweidet und werden durch Liebe bewahrt bleiben, bis sie zu den grünen Weiden auf den Hügeln des Himmels kommen.

Ihr und ich, wir werden ohne Verbindung mit der großen Maschinerie der Liebe sein, wenn nicht unser Herz voll liebenden Eifers für das Wohl der von Gott Geliebten ist. Liebe ist die beste Vorbereitung zum Dienst am Wort, ob dieser Dienst in der Gemeinde oder in der Sonntagsschule ausgeführt wird. Liebe und dann weide. Wenn du liebst, dann weide. Liebst du nicht, dann warte, bis der Herr dich belebt hat und lege nicht deine ungeheiligten Hände an dieses heilige Werk.

Bei den Schwachen in der Herde, den Neubekehrten und Kindern, ist unsere Hauptaufgabe das Weiden. Jede Predigt, jede Lektion sollte eine Weide sein. Es nützt wenig mit der Bibel in der Hand zu rufen: „Glaubet! Glaubet!", wenn keiner weiß, was es heißt, zu glauben. Ich sehe nicht ein, wozu Geigen und Trommeln nützen, weder Lämmer noch Schafe haben Nahrung davon. Zu wirklicher Weide gehört gründliche, echte Lehre des Evangeliums. Wer einen Braten auf dem Tisch hat, mag immerhin mit der Tischglocke klingeln, aber die Glocke nährt niemanden, wenn nichts zu essen gebracht wird. Die Kinder morgens und abends zu sammeln ist für sie und euch eine Zeitverschwendung, wenn ihr ihnen nicht die seelenrettende, seelenstärkende Wahrheit bietet. Weidet die Lämmer. Ihr braucht ihnen nichts vorzupfeifen oder Kränze um den Hals zu hängen, aber weidet sie.

Dieses Weiden ist ein geringes, niedriges, anspruchsloses Werk. Kennt jemand den Namen eines Hirten? Ich habe zwar einige Leute dieses Berufs mit Namen nennen können, habe aber nie gehört, dass jemand von ihnen als großen Männern gesprochen hat. Man findet ihre Namen weder in den Tagesblättern noch wird gesetzliche Klage gegen ihren Beruf erhoben. Hirten sind im Allgemeinen stille, nicht aufdringliche Leute. Wer einen Hirten ansieht, wird kaum einen Unterschied zu einem Pflüger oder Karrenschieber finden. Ohne Klagen arbeitet er sich durch den Winter und hat bei Beginn des Frühlings weder am Tag noch in der Nacht Ruhe, weil die Lämmer ihn immer brauchen. So lebt und schafft er ein Jahr nach dem anderen und wird doch nie zum Ritter des Hosenbandordens geschlagen oder in den Adelsstand erhoben werden, auch wenn er viel nützlichere Arbeit verrichtet als so mancher, der auf seinen eigenen Biertonnen zu Stand und Rang gekommen ist. Ähnlich ist es mit manchem treuen Lehrer junger Kinder. Man hört wenig von ihm und doch tut er ein großes Werk, für das man ihn in künftigen Zeiten gesegnet nennen wird. Aber, auch wenn er jetzt von Menschen nicht beachtet wird, seinem Herrn und Meister ist all sein Tun bekannt und auch wir werden droben von ihm hören – vielleicht nicht früher.

Lämmer weiden erfordert große Sorgfalt. Sie können nicht mit allem Möglichen gefüttert werden, schon gar nicht die Lämmer Christi. Junge Christen können innerhalb kurzer Zeit durch falsche Lehre halb vergiftet werden. Alle Lämmer Christi sind leider nur zu gerne dazu geneigt, schädliche, sogar tödliche Kräuter zu essen; es liegt also an uns, sorgfältig darauf zu achten, auf welche Weide wir sie führen. Jedes Lamm gesondert zu führen, jedem einzelnen Kind die Wahrheit nach seiner Empfänglichkeit beizubringen, erfordert sorgfältige Arbeit.

Dieses Werk ist nicht auf einmal getan. „Weide meine Lämmer" ist kein Auftrag, der für eine begrenzte Zeit gilt, sondern der für alle Zeiten gültig ist. Wenn der Hirte seine Lämmer nur ein Mal in der Woche füttern würde, würden sie nicht lange überleben. Sie würden wahrscheinlich von einem Sonntag bis zum anderen sterben. Darum sehen sich gute Lehrer auch in der Woche nach den Kindern um, sooft ihnen die Gelegenheit geboten wird. Und wenn sie die Kinder schon nicht durch das mündliche Wort weiden können, dann sorgen sie sich durch Fürbitte um sie. Das Weiden und Hüten der Lämmer ist ein tägliches, stündliches Werk. Wann ist die Arbeit eines Hirten zu Ende? Wie viele Stunden arbeitet er täglich? Er würde dir antworten, dass er in der Lämmerzeit nie Feierabend hat. Er schläft zwischendurch, wenn es gerade passt, ist nach kurzem Schlafen dann aber auch wieder bei seiner Tätigkeit. Ähnlich ist es mit denen, die Christi Lämmer weiden; sie ruhen nicht, bis Gott die ihnen anvertrauten Lieben gerettet und geheiligt hat.

Das Weiden ist eine arbeitsreiche Aufgabe, wer sich keine Mühe dabei gibt, lädt sich eine schwere Verantwortung auf. Meint ihr, das Leben eines Pastors sei leicht? Ich sage euch, wer es sich leicht macht, wird es schwer genug finden, wenn es mit ihm zum Sterben geht. Nichts ist so angreifend wie das Amt eines Seelsorgers – dasselbe ist in gewissem Maße bei allen, die unterrichten, der Fall. Sie können nichts Gutes erreichen ohne sich der Sache hinzugeben. Sie müssen sich ordentlich vorbereiten, müssen der Klasse etwas Frisches bringen, müssen lehren und es in die Herzen einzuprägen versuchen. Es wundert mich nicht, wenn einer um den Stoff verlegen und besorgt ist, wie er am nächsten Sonntag durchkommen wird und sich manchmal bedrückt fühlt. Ohne Grund unvorbereitet in die Klasse zu stürzen ist ein Unrecht, man soll dem Herrn doch nichts opfern, was nichts gekostet hat.

Wenn den Lämmern die Nahrung weise ausgeteilt werden soll, sodass sie diese auch annehmen können, dann muss sie zubereitet sein.

Das alles muss mit einer besonderen Einstellung geschehen. Der Sinn eines guten Hirten ist ein Gemisch vieler wertvoller Tugenden. Er glüht vor Eifer, ist aber nicht heiß vor Zorn; er ist sanft und mild und kann seine Klasse doch regieren; er ist liebevoll, verschließt seine Augen aber nicht vor schlechtem Benehmen und vor Sünde; er hat Macht über die Lämmer, ist aber nicht herrschsüchtig und hart; er ist fröhlich, aber nicht leichtsinnig; ernst, aber nicht finster. Wer Lämmer weidet, sollte selbst ein Lamm sein. Gelobt sei Gott, dass es ein Lamm auf dem Thron gibt, das für uns alle sorgt und es desto erfolgreicher tun kann, weil Er in allem uns gleich gewesen ist.

Der Hirtensinn ist eine seltene und unschätzbare Gabe. Ein erfolgreicher Pastor und ein erfolgreicher Sonntagsschullehrer haben manche Charakterzüge gemeinsam. Wenn ein Vogel auf den Eiern sitzt oder wenn die Jungen vor kurzem aus den Eiern gekommen sind, hat er einen mütterlichen Sinn, sodass er sein ganzes Leben dem Füttern seiner Jungen weiht. Andere Vögel mögen ihre Freude am Fliegen haben, dieser aber sitzt entweder den ganzen Tag still oder er fliegt ständig fort um die stets geöffneten Schnäbel zu füllen, die, wie es scheint, nie voll werden. Eine Leidenschaft ist über den Vogel gekommen. Ist es nicht manchmal auch mit dem so, der darauf aus ist Seelen zu gewinnen? Geht es ihm nicht so, als ob er, wenn es sein müsste, alles, sogar das Leben dafür hingeben könnte? Ja, wäre er manchmal in seiner Begeisterung nicht fast bereit den Himmel aufzugeben und wie Paulus zu wünschen, „verdammt zu sein von Christus für seine Brüder" (Röm. 9,3), damit nur andere gerettet würden? Diese hohe Begeisterung mag manchen unbegreiflich vorkommen, weil sie nie etwas Derartiges gefühlt haben. Möge der Heilige Geist die richtige Begeisterung in uns wirken, dann werden wir uns den Lämmern gegenüber als richtige Hirten erweisen. „Weide meine Lämmer!" Das ist also unsere Aufgabe.

Solchen gehört das Reich Gottes

Hat es je ein Reich gegeben, in dem es keine Kinder gab? Wie hätte es dann wachsen können? Der Herr Jesus sagt nicht nur, dass Kinder ins Reich Gottes eingelassen werden, nicht nur, dass hin und wieder einige eingelassen werden, sondern es heißt: „Solchen gehört das Reich Gottes." Ich möchte den einfachen Sinn dieses Ausdrucks nicht schmälern oder ihn so erklären, dass der Heiland nur meint, das Reich Gottes würde aus solchen bestehen, die wie Kinder sind. Es ist ja klar, dass Er von Kindern redete, wie sie gerade um Ihn standen – von Säuglingen und kleinen Kindern – „solchen gehört das Reich Gottes." Ich bin mir nicht sicher, ob John Newton Unrecht hatte, als er sagte, die Mehrheit derer, die jetzt im Reich Gottes seien, bestehe aus Kindern.

Der Herr sagt, dass der Weg ins Himmelreich zu gehen, der des Empfangens ist. „Wer das Reich Gottes nicht empfängt wie ein Kind, der wird nicht hineinkommen." (Mk. 10, 15) Wir kommen nicht in das Reich Gottes durch das Ergründen eines tiefen Problems und dessen Lösung, nicht dadurch, dass wir irgendetwas aus uns selbst herausholen, sondern durch das Empfangen eines geheimnisvollen Etwas in uns. Wir kommen dadurch ins Reich Gottes, dass das Reich Gottes in uns kommt; es empfängt uns, indem wir es empfangen. Wenn der Eintritt in das Reich Gottes von etwas abhängig wäre, was durch Studium und tiefe Gedanken dem Verstand des Menschen entnommen werden könnte, dann würden nur sehr wenige Kinder hineinkommen können. Kinder in einem Alter, das zum Sündigen und zum Errettetwerden durch den Glauben genügt, müssen das Evangelium hören und es im Glauben annehmen; und mit Hilfe des Heiligen Geistes können sie es. Darüber besteht gar kein Zweifel, denn eine große Zahl hat es getan. Ich kann nicht sagen, in welchem Alter Kinder schon fähig zur Erkenntnis Jesu Christi sind. Es ist aber viel früher, als mancher glaubt. Es gibt Kinder, die reichlich bewiesen haben, dass sie den Heiland sehr früh angenommen und an Ihn geglaubt haben. Manche sind jubelnd in den Tod gegangen, andere haben sich früh durch ein gottesfürchtiges Leben ausgezeichnet, während andere zu Männern und Frauen herangewachsen und noch jetzt geachtete Glieder der Gemeinde sind.

Wir sind überzeugt, dass kleine Kinder in das Reich Gottes gehen, sind doch alle, die in früher Kindheit sterben, in die Gnadenerwählung eingeschlossen und nehmen teil an der durch den Herrn Jesus Christus erwirkten Erlösung. Wie andere darüber auch denken mögen, der ganze Geist und Ton des Wortes Gottes sowie das Wesen Gottes selbst führen uns zu dem Glauben, dass alle, die als kleine Kinder sterben, selig sind. Nun, wie empfangen sie denn das Reich Gottes? Auf dieselbe Weise müssen ja auch wir es empfangen. Kinder empfangen es sicherlich nicht durch Geburt, wird uns doch in Joh. 1, 13 ausdrücklich gesagt, dass Kinder Gottes nicht aus dem Blut oder aus dem Willen des Fleisches geboren werden. Alle Privilegien der Abstammung sind jetzt verbannt. Kein Kind geht in den Himmel, weil es das Kind gläubiger Eltern ist, auch wird keins ausgeschlossen, weil seine Voreltern Gottesleugner und Götzendiener waren. Es ist meine feste Überzeugung, dass das Kind eines Moslems oder eines Kannibalen, wenn es ganz jung stirbt, genauso selig ist, wie ein Christenkind. Wie schon gesagt, es gibt kein Heil und keine Seligkeit durch Verwandtschaft oder Geburt. Wenn, wie wir zuversichtlich glauben, die Kleinen selig sind, dann sind sie es einfach nach dem Willen und Wohlgefallen Gottes, weil Er sie zu den Seinen gemacht hat.

Kinder, die in früher Kindheit in China oder Japan starben, sind ebenso sicher selig, wie die, die in England oder Deutschland starben. Säuglinge, geboren von schwarzen Müttern, Kinder, die in der Hütte der Hottentotten oder im Wigwam der Indianer das Licht der Welt erblickt haben, sind gleich selig und werden es nicht durch irgendwelche äußerlichen Rituale oder durch geheimnisvolle Priestermacht. Sie werden durch die freie, souveräne Gnade Gottes in den Himmel gehoben. Wie wurden sie denn gerettet und selig? Durch Werke? Nein, denn sie haben nie welche getan. Durch ihre natürliche Unschuld? Nein, denn hätte diese Unschuld ihnen Einlass in den Himmel verschaffen können, dann hätte sie auch genügen müssen sie von Schmerz und Tod zu befreien.

Wenn nicht in gewisser Form Sünde in ihnen gewesen wäre, wie könnten sie denn überhaupt leiden und sterben? Die ihnen anklebende Sünde, die ihren Tod mit sich zog, kann uns nicht glauben lassen, dass sie um ihrer Unschuld willen Anspruch auf den Himmel haben. Sie sterben wegen Adams Fall. Traurige Folgen ihres Geborenseins von gefallenen Eltern! Ist euch nicht schon mal der bittende Blick aufgefallen, mit dem uns die kleinen Dulder ansehen, als wollten sie fragen, weshalb sie denn so viel Schmerzen aushalten müssten? Wir sehen sie mit desto tieferem Schmerz an, weil wir nicht im Stande sind ihnen zu helfen. Wir denken dabei an die geheimnisvolle Verbindung unseres Geschlechts in seinem Fall und seinem Schmerz. Die Angst der sterbenden Kleinen ist ein Beweis von Adams Fall und den Folgen, an denen auch sie Anteil haben. Aber weil Jesus gestorben und auferstanden ist und die lieben Kleinen in Ihm sind, darum leben sie. Insofern es dieses Leben betrifft, sterben und verwesen sie wegen einer Sünde, die sie nicht begangen haben; sie leben aber auch ewig durch eine Gerechtigkeit, die sie nicht erfüllt haben: durch die Gerechtigkeit Jesu Christi, der sie erlöst hat. Wir können es zwar nicht mit Gewissheit sagen, doch wir vermuten, dass sie die Wiedergeburt durchmachen, bevor sie in den Himmel eingehen. „Denn, was vom Fleisch geboren wird, das ist Fleisch." (Joh. 3, 6) Um in die geistliche Welt zu kommen, müssen sie aus dem Geist geboren sein.

Aber was in ihnen auch gewirkt werden mag, eins ist klar, dass sie nicht durch irgendeine Macht des Intellekts oder des Willens oder Verdienstes in den Himmel eingehen, sondern aus freier Gnade, als solche, die sich nicht auf irgendetwas berufen können, was sie getan oder gefühlt haben. Auf dieselbe Weise musst auch du in das Reich Gottes eingehen, einzig und allein durch freie Gnade, nicht durch irgendeine eigene Kraft oder eigenen Verdienst. Du wirst so voll und ganz allein aus Gnade in den Himmel kommen, als ob du nie ein göttliches Leben geführt, nie eine einzige Tugend gehabt hättest.

Wir wollen jetzt andere Kinder betrachten, solche, die die erste Kindheit überlebt haben und Kinder geworden sind, die nicht nur tatsächlich sündigen können, sondern auch fähig sind Christus zu erkennen und bekehrt zu werden. Viele von ihnen gehen in das Reich Gottes ein. Nun, so wie diese Kinder das Reich Gottes empfangen, so müssen auch wir es. Wie empfangen sie es denn? Ich antworte: Ein Kind nimmt das Evangelium mit Demut, mit einfältigem Glauben und mit Willigkeit an. Kinder können uns nicht in jeder Hinsicht als ein Beispiel vorgehalten werden, denn sie haben auch Fehler, die wir meiden sollen. Sie werden nur in einem Punkt gelobt, nämlich darin, wie sie das Reich Gottes empfangen. Wie tut ein Kind das denn? Zuerst mit Demut. Es ist demütig genug um keine Vorurteile zu haben. Erzähle einem Kind die Geschichte von Jesus Christus, dem Heiland, und wenn Gott die Geschichte vom Kreuz segnet und das Kind sie glaubt, so nimmt es sie auf, ohne dass es mit verkehrten Ansichten zu kämpfen hat. Mancher Ältere hört das Evangelium mit der Vorstellung, dass Christus nur ein einfacher Mensch war; er kann sich nicht von dieser verkehrten Ansicht trennen und Ihn deshalb nicht als seinen Herrn erkennen. Ein anderer kommt um das Wort zu hören, ist aber voll von allem, was er über Unglauben, Ketzerei und Lästerung gelesen und gehört hat – wie könnte ihm die Predigt etwas nützen, solange dies alles nicht hinweggetan ist? Noch ein anderer kommt, den Sinn vollgestopft mit stolzer Selbstgerechtigkeit oder mit dem Glauben an die Priesterschaft oder verlässt sich auf irgendwelche Form einer Zeremonie. Könnten wir nur dieses Gerümpel aus der Seele nehmen, dann wäre ja Hoffnung da – aber solange es da ist, ist es ein Hindernis. Nun, wenn das Kind die Geschichte von der Liebe Gottes in Christus Jesus hört, kennt es nicht diese störenden, hindernden Vorurteile. Es weiß wahrscheinlich noch nicht viel von all dem Bösen, das durch Menschen erfunden worden ist – und was für ein Segen liegt in dieser Unwissenheit! Es wird leider früh genug manches Übel entdecken, aber zunächst nimmt es das Wort einfältig auf. Wie sehr haben auch wir es nötig von falschen Auffassungen und Ansichten befreit zu werden! Du musst genauso glauben wie dein Sohn oder deine Tochter. Für den Hirten und den Weltweisen, den Gelehrten und den Bauern gibt es nur einen Weg. Das Kind nimmt seinen Heiland demütig auf; verdienen oder erwerben kommt ihm nicht im Traum in den Sinn. Ich erinnere mich an kein Kind, das, als es zu Christus kam mit Selbstgerechtigkeit zu kämpfen hatte.

„Wie ein Kind"

Als der Herr die Kinder segnete, befand Er sich auf seiner letzten Reise nach Jerusalem. Es war also ein Abschiedssegen, den Er den Kleinen erteilte. Das erinnert uns daran, dass zu seinen Abschiedsworten an die Jünger der liebevolle Auftrag gehörte: „Weide meine Lämmer." Die herrschende Leidenschaft, die Liebe, war bei dem großen Hirten und Hüter Israels sehr stark, bei Ihm, von dem der Prophet Jesaja (40,11) sagt: „Er wird die Lämmer in seinen Arm sammeln und im Bausch seines Gewands tragen [...]." Es entsprach also ganz seiner Liebe auf seiner Abschiedsreise den Kindern seinen gnadenreichen Segen zu erteilen.

Der Herr Jesus befindet sich zwar nicht mehr sichtbar unter uns, wir wissen aber, wo Er zu finden ist und dass Ihm alle Gewalt im Himmel und auf Erden gegeben ist um die Seinen zu segnen. Lasst uns deshalb seine Nähe suchen. Lasst uns auch andere in unsere Gebete einschließen und dabei besonders unsere Kinder einen hervorragenden Platz einnehmen lassen. Wir wissen ja mehr von Jesus als diese Mütter in Palästina. Lasst uns daher umso eifriger sein unsere Kinder zu Jesus zu bringen, damit Er sie segnet und sie von Ihm angenommen werden so wie wir von Ihm angenommen worden sind. Jesus wartet darauf zu segnen. Er ist in seinem Wesen nicht ärmer an Gnade geworden: wie Er noch jetzt die Sünder annimmt, so ist Er auch jetzt noch zum Segnen der Kinder bereit. Deshalb soll niemand ruhig sein, weder Eltern noch Lehrer, bis Er unsere Kinder angenommen und sie so gesegnet hat, dass wir überzeugt sein dürfen, dass sie in das Reich Gottes getreten sind.

Als der Heiland sah, dass seine Jünger nicht nur widerwillig die Kinder zu Ihm ließen, sondern auch die anfuhren, die die Kleinen zu Ihm brachten, war Er sehr unwillig und rief die Jünger zu sich um sie eines Besseren zu belehren. Er gab ihnen zu verstehen, dass die Kleinen Ihm nicht aufdringlich erscheinen, sondern Ihm sehr lieb und willkommen sind, dass sie keine Eindringlinge sind, sondern volles Zutrittsrecht haben und dass niemand das Reich Gottes empfangen kann, wenn er es nicht in der gleichen Weise empfängt wie ein Kind. Sein Reich besteht aus Kindern und solchen, die einen kindlichen Sinn haben. Der Heiland redete mit göttlicher Überzeugung, indem Er seine Worte mit dem ausdrucksvollen „Wahrlich" und zugleich mit dem Gewicht seiner eigenen persönlichen Autorität anfing: „Ich sage euch." Diese einleitenden Ausdrücke sind dazu bestimmt, unsere ehrfurchtsvolle Aufmerksamkeit auf die Tatsache zu lenken, dass es nichts Ungewöhnliches oder Fremdartiges ist, wenn Kinder in das Reich Gottes kommen, sondern im Gegenteil keiner dort hineinkommen kann, der es nicht wie ein Kind aufnimmt.

Es ist ziemlich klar, dass die Jünger der Meinung waren, Kinder wären zu unbedeutend um die Zeit des Herrn in Anspruch zu nehmen. Hätte ein Prinz den Wunsch geäußert zu Jesus zu kommen, Petrus und seine Mitjünger hätten diesen sicherlich mit Freuden zu Ihm hingeführt. Aber jetzt waren es ja nur arme Frauen, die mit ihren Kindern, Jungen und Mädchen, zu Ihm wollten. Wäre eine Person ihres eigenen Standes und Alters gekommen, sie hätten sie nicht angefahren oder abgewiesen. Aber nur Kinder! Säuglinge und kleine Kinder! Es war zu schlimm den großen Lehrer mit ihnen zu belästigen! Die Kleinen werden im Urtext mit einem Wort bezeichnet, das Kinder in verschiedenem Alter einschließt, vom Säugling bis zu einem 12-jährigen. Hatte der Herr Jesus nicht ohne sie genug Mühe? Hatte Er nicht höhere, ernstere Gegenstände zu bedenken? Die Kinder waren so klein, dass sie von Ihm gar nicht erst beachtet würden – so dachten die Jünger. Wenn es aber auf die Geringfügigkeit und das Unbedeutendsein ankäme, wer könnte dann je hoffen die Aufmerksamkeit des Herrn zu gewinnen? Wenn wir Kinder für so gering in seinen Augen halten – was sind denn wir? „Siehe, die Inseln sind wie ein Stäublein. [...] Er thront über dem Kreis der Erde, und die darauf wohnen, sind wie Heuschrecken [...]." (Jes. 40, 15. 22)

Wenn wir von Herzen demütig wären, würden wir ausrufen: „Herr, was ist der Mensch, dass Du seiner gedenkst und des Menschen Kind, dass Du Dich seiner annimmst?" (Ps. 8, 5) Wenn jemand meint, dass der Herr das Kleine und Unbedeutende nicht annimmt, was sagt er zu den Worten: „Kauft man nicht zwei Sperlinge für einen Groschen? Dennoch fällt keiner von ihnen auf die Erde ohne euren Vater." (Mt. 10, 29)? Sollte der Gott, der sich um die Sperlinge sorgt, sich nicht um die Kinder kümmern? Der Gedanke an das Unbedeutendsein muss also ohne weiteres beseitigt werden. Aber sind denn kleine Kinder wirklich so unbedeutend? Bevölkern sie nicht den Himmel? Teilt ihr nicht mit mir die Überzeugung, dass sie einen beträchtlichen Teil der Himmelsbewohner ausmachen? Scharen von Kinderfüßen wandern schon jetzt durch die Straßen des Neuen Jerusalems. Der Mutterbrust entrissen, ehe sie sich tatsächlich der Sünde schuldig gemacht hatten, erlöst von der mühevollen Pilgerschaft des Lebens sehen sie allezeit das Angesicht ihres Vaters im Himmel. „Solchen gehört das Reich Gottes." Und ihr wollt sie unbedeutend nennen? Ihr wagt es, die zu verachten, die im Heer der Auserwählten am zahlreichsten vertreten sind?

Ich möchte das Blatt wenden und die Erwachsenen unbedeutend nennen, unter denen nur ein Rest gefunden wird, der dem Herrn dient. – Darüber hinaus wächst manches Kind zu einem Mann heran und auch deshalb dürfen wir es nicht als unbedeutend ansehen. Der Junge ist der Vater des Mannes. In ihm liegen vielleicht viele Fähigkeiten und eine große Zukunft. Seine Männlichkeit ist zwar noch nicht entwickelt, aber sie ist vorhanden und wer das als eine Kleinigkeit ansieht, beeinträchtigt den Mann. Wer auf das Gemüt eines Jungen einen schlechten Einfluss ausübt, verdirbt damit vielleicht die Seele eines Mannes. Eine dem jugendlichen Ohr beigebrachte Irrlehre kann in dem Mann zu einem tödlichen Gift werden, wenn es langsam zu den inneren Teilen vorgedrungen ist. Das Unkraut, das in die Furchen der Kindheit gesät wird, wächst in der Jugend auf, reift im Mannesalter und verwelkt im traurigen Verderben, wenn er selber verwelkt. Andererseits geht eine in das Kinderherz gefallene Wahrheit auf und wächst um in den späteren Jahren Frucht zu tragen. Dieser Junge dort, der in der Sonntagsschule den eindringlichen, herzlichen Worten des Lehrers lauscht, wird sich vielleicht zu einem Luther entwickeln, der später durch seine kräftige Verkündigung der Wahrheit die Welt erschüttert. Wer könnte es im Voraus sagen!? Mit der Wahrheit im Herzen wird der Junge jedenfalls in der Furcht des Herrn aufwachsen. Sie wird dazu beitragen, dass in diesen bösen Tagen ein göttlicher Same lebendig bleibt. Lasst deshalb niemand die Kleinen verachten oder sie für unbedeutend halten. Ich beanspruche vielmehr den vordersten Platz für sie und bitte, wenn andere sich durch ihre Schwachheit zurückhalten lassen, wenigstens den Kleinen Platz zu machen. Sie sind die Zukunft der Welt. Was vergangen ist, können wir nicht ändern, sogar die Gegenwart eilt vor unseren Augen dahin, aber unsere Hoffnung ist auf die Zukunft gerichtet, deshalb macht den Kindern, den Jungen und den Mädchen, Platz!

Ich denke, die Apostel, diese Erwachsenen, glaubten, das Gemüt eines Kindes sei zu sehr auf harmloses Spiel gerichtet. „Kinder spielen und sind fröhlich; sie werden es nur als Abwechslung und Zeitvertreib ansehen von Jesus in die Arme genommen zu werden. Es wird ihnen ein Vergnügen sein, ohne dass sie eine Idee von dem Ernst ihrer Lage haben!" So ungefähr mögen die Apostel gedacht haben. Wirklich? Spielerei ist das? Macht nicht vielmehr ihr selbst euch der Spielerei schuldig? Nehmen wir die Sache einmal ans Licht – wer macht sich am meisten derselben schuldig, Kinder oder Erwachsene? Welche größere Spielerei gibt es, als wenn ein Mann nur für die fleischliche Lust lebt oder wenn eine Frau ihre Zeit mit Schmuck und Kleiderpracht verschwendet? Ja, noch mehr, was ist das Anhäufen von Geld nur um des Besitzes willen anderes als eine jämmerliche Spielerei, Kinderspiel ohne das Vergnügen des Kindes! Die meisten erwachsenen Menschen treiben in größerem Maße Spielerei als Kinder – das ist der Hauptunterschied zwischen den beiden. Wenn Kinder spielen, spielen sie mit kleinen Sachen. Sind ihre Spielzeuge nicht absichtlich zum Spielen und zum Zerbrechen gemacht? Das Kind tut mit ihnen nur, was es soll. Ach, es gibt Männer und Frauen, die mit ihrer Seele, mit Himmel und Hölle, mit der Seligkeit, mit dem Wort Gottes, mit dem Sohn Gottes, ja, mit Gott selbst spielen! Beschuldige nicht die Kinder der Leichtsinnigkeit, ihre kindlichen Spiele haben nicht selten so viel Ernst an sich und sind nicht weniger nützlich als das Tun der Erwachsenen. Die Hälfte der Beschlüsse unserer Rats- und Parlamentsversammlungen ist schlimmer als Kinderspiel. Das Kriegsspiel ist eine viel größere Dummheit als die Jungenstreiche. Große Kinder sind schlimmere Spieler als die Kleinen es je sein könnten. Wenn die ganze Welt sich der Dummheit hingibt, soll man nicht die Kleinen wegen ihres Spielens beschuldigen.

„Ach", sagt einer, „wenn wir die Kinder zu Jesus kommen lassen wollten und Er sie segnen würde, sie würden es bald vergessen haben. Wie liebevoll sein Erscheinen auch sein mag, wie geistlich seine Worte auch sein mögen, sie werden bald wieder am Spielen sein und mit ihrem schwachen Gedächtnis nichts von dem allen behalten." Diesem Bedenken treten wir in derselben Weise entgegen wie allen anderen. Sind ältere Leute nicht auch vergesslich? Zu was für einem vergesslichen Geschlecht reden die Prediger! Wie vielen muss immer wieder das Evangelium gepredigt werden, bis der Prediger bei der hoffnungslosen Aufgabe fast ermüdet! Sie sind wie der Mann, der sein Gesicht in einem Spiegel betrachtet und dann weitergeht und vergisst, wie er aussieht. Sie leben weiter in der Sünde. Das Wort hat keine bleibende Stätte in ihrem Herzen gefunden. Vergesslichkeit! Werft sie nicht den Kindern vor, ehe ihr nicht euch selbst damit angeklagt habt!

Aber vergessen denn die Kleinen wirklich? Ich denke, im vorrückenden Alter behalten wir am Besten das, was wir in früher Kindheit erlebt haben. Trifft man nicht häufig Greise, die fast alles vergessen haben, was sich zwischen ihrer Kindheit und ihrem Alter zugetragen hat, während ihnen die kleinen Dinge aus dem elterlichen Haus, die auf dem Schoß der Mutter gelernten Lieder, die vom Vater oder von einer Schwester gehörten Worte noch frisch in Erinnerung sind? Die Stimmen der Kindheit haben einen Widerhall durchs ganze Leben. Das zuerst Gelernte wird gewöhnlich zuletzt vergessen. Die meisten Kleinen, über denen der Herr Jesus seinen Segen aussprach, die Er herzte und küsste, haben es bestimmt nicht vergessen. Sein Gesicht war in ihren Herzen wie fotografiert, sein mildes, freundliches Lächeln haben sie bestimmt nie vergessen können. Petrus, Johannes und Jakobus irrten sich sehr und mit ihnen alle anderen, die ihre Meinung teilten. Ihr dürft die Kinder nicht hindern zu Jesus zu kommen.

Vielleicht dachten die Jünger auch, den Kindern würde es an der Befähigung mangeln. Der Heiland redet ja so wunderbare Dinge, dass man von

Kindern nicht erwarten kann sie zu verstehen. Das ist wirklich ein großer Irrtum, ist doch die Lehre Jesu den Kindern leicht verständlich. Auch lernen sie aus keinem Buch so schnell zu lesen wie aus dem Neuen Testament. Die Worte Jesu sind so kindlich und so passend für die Kinder, dass sie diese leichter aufnehmen als die Worte irgendeines Menschen, wie einfach er auch zu reden versucht. Kinder verstehen leicht das Wort Jesu. Welche Befähigung ist denn hier erforderlich? Die Fähigkeit zu glauben? Ich sage euch, Kinder haben mehr davon als Erwachsene. Die Begabung des Kindes zum Glauben ist noch nicht überfüllt mit Aberglauben, noch nicht verdreht durch Unaufrichtigkeit oder gelähmt durch bösen Unglauben. Lasst nur diese Begabung durch den Heiligen Geist geheiligt werden, so ist genug davon vorhanden um reichlichen und lebendigen Glauben an Gott zu schaffen.

In welcher Hinsicht mangelt es denn bei den Kindern an Begabung und Fähigkeit? Fehlt es ihnen etwa an der Fähigkeit zur Buße? Sicherlich nicht. Habe ich nicht gesehen, wie ein Mädchen sich krank weinte, weil es Unrecht getan hatte? Ein zartes Gewissen hat manch einen Jungen unbeschreiblich traurig gemacht, wenn er sich eines Unrechts bewusst war. Erinnert sich nicht mancher von uns an die scharfen Pfeile des Gewissens, die in unserem Herzen schmerzten, als wir noch Kinder waren? Ich erinnere mich noch ganz deutlich an die Zeit, da ich nicht ruhen konnte wegen meiner Sünde und mit großer Angst den Herrn suchte, als ich noch ein Kind war. Kinder sind fähig genug zur Buße, wenn Gott der Heilige Geist sie in ihnen wirkt. Das ist nicht etwa eine Vermutung, wir sind selbst lebendige Zeugen davon.

Was fehlt denn den Kindern an Befähigung? „Nun, sie haben kein genügendes Verständnis", sagt einer. Verständnis – wovon? Wäre die Lehre Jesu die Lehre der modernen Gedanken, dann wäre sie ein so erhabener Unsinn, dass nur die so genannte gebildete Klasse durchfinden könnte, dann würden die Kinder allerdings unfähig sein sie zu erfassen. Wenn sie aber wirklich das Evangelium der Bibel, der Armen im Geist ist, dann gibt es seichte Stellen darin, die das zarteste Lämmchen der Herde Jesu durchwaten kann, ohne zu befürchten von den Wellen umgerissen zu werden. Es ist ja wahr, dass die Heilige Schrift tiefe Geheimnisse enthält, in denen der Leviatan tauchen mag, ohne Grund zu finden, aber das Verständnis dieser tiefen Dinge ist nicht zum Seligwerden erforderlich – dann würden wirklich nur wenige selig werden. Das aber, was unumgänglich zum Seligwerden nötig ist, ist so außerordentlich einfach, dass kein Kind verzweifeln muss, weil es nicht versteht, wodurch es zum Frieden kommen kann. Der gekreuzigte Christus ist nicht ein Rätsel für die Weisen, sondern eine einfache Wahrheit, eine kräftige Nahrung für Männer und zugleich auch die Milch für die Kinder.

Sagt vielleicht einer, Kinder könnten nicht lieben? Lieben ist ja einer der herrlichsten Teile der Erziehung eines Christen – und du meinst wirklich, Kinder könnten nicht dazu gelangen? Nein, das kann nicht deine Meinung sein, denn in einem Kind steckt eine große Befähigung zur Liebe. Wollte Gott, sie wäre bei uns Älteren immer so groß!

Also, um die Gedanken der Apostel kurz zusammenzufassen: Sie dachten, Kinder müssten nicht zu Jesus kommen, weil sie nicht ihnen gleich – nicht Männer und Frauen waren. Ein Kind sei nicht groß genug, nicht genug gewachsen um von Jesus gesegnet zu werden. Das Kind darf nicht zu Jesus kommen, weil es nicht wie ein Mann ist.

Wie wendet doch unser geliebter Heiland das Blatt, als ob Er sagen wollte: „Sagt nicht, das Kind darf nicht kommen, weil es nicht wie ein Mann ist, sondern wisst, dass ihr nicht kommen könnt, bis ihr wie Kinder seid. Es ist nicht das Problem der Kinder, dass sie nicht so sind wie ihr, im Gegenteil ist das Problem bei euch, dass ihr nicht seid wie sie. Stattdessen es für ein Kind notwendig wäre zu warten, bis es zu einem Mann heranwächst, muss der Mann hinunterwachsen und wie ein Kind werden. Wer das Reich Gottes nicht nimmt wie ein Kind, der wird nicht hineinkommen."

Diese Worte des Herrn sind eine vollständige, genügende Antwort auf die Gedanken der Jünger und wir alle sollen aus ihnen Weisheit schöpfen. Keiner soll sagen: „Wollte Gott, mein Kind wäre erwachsen wie ich, damit es zu Christus kommen könnte!", sondern lieber sollte er wünschen, dass er wieder ein Kind werden könnte, vieles vergessen könnte von dem, was er jetzt weiß, dass er rein gewaschen werden könnte von manchen Gewohnheiten und Vorurteilen und mit der Frische, Einfalt und dem Eifer eines Kindes aufs Neue anfangen könnte. Wenn wir um geistliche Kindschaft bitten, so setzt der Heilige Geist sein Siegel auf solches Gebet, denn es steht geschrieben: „Es sei denn, dass jemand von neuem geboren werde, so kann er das Reich Gottes nicht sehen" (Joh. 3, 3), oder: „Es sei denn, dass ihr von neuem geboren und wie die Kinder werdet, könnt ihr nicht in das Himmelreich eingehen."

Ob noch irgendjemand sich mit solchen Gedanken, wie die Jünger sie hatten, herumträgt? Es würde mich nicht überraschen, wenn es der Fall wäre. Ich hoffe allerdings, dass er nicht ganz so verbreitet ist wie in früheren Zeiten, in denen in gewissen Wohnungen jugendliche Gottesfurcht mit großem Misstrauen beobachtet wurde. Nun, wer von euch noch feindliche Gedanken gegen die Bekehrung von Kindern im Kopf hat, der bemühe sich, solche Gedanken loszuwerden, denn sie sind so falsch wie nur möglich. Wir haben jedenfalls von den Worten des Herrn zu lernen, dass wir nicht versuchen sollen Kinder zu Erwachsenen zu machen, sondern dass wir selbst immer mehr wie die Kinder werden sollen.

Weide meine Lämmer

Beim Weiden der Lämmer sollten wir von dem Beweggrund geleitet werden, sie als Lämmer des Herrn zu weiden und nicht als unsere eigenen. Wäre Petrus tatsächlich der erste Papst gewesen, so wäre es angebracht, wenn der Herr gesagt hätte: „Weide deine Lämmer. Ich befehle sie dir an, Petrus, du Stellvertreter Christi auf Erden." Nein, nein, Petrus soll sie zwar weiden, sie sind aber nicht sein, sondern gehören dem Herrn. Das Werk, das ihr für Jesus zu tun habt, Brüder und Schwestern, ist nicht euer eigenes. Eure Sonntagsschulgruppen sind nicht eure Kinder, sondern Christi. Der Apostel Paulus forderte in seiner Abschiedsrede die Ältesten von Ephesus auf: „So habt nun Acht auf euch selbst und auf die ganze Herde [...]." (Apg. 20,28) Der Apostel Petrus selbst schrieb später in einem Brief: „Weidet die Herde Gottes, die euch anbefohlen ist; achtet auf sie, nicht gezwungen, sondern freiwillig, wie es Gott gefällt; nicht um schändlichen Gewinns willen, sondern von Herzensgrund." (1. Petr. 5,2) Lasst aus diesen Lämmern werden, was ihr daraus machen könnt, lasst es aber die Ehre des Meisters und nicht die des Dieners sein; lasst alle damit zugebrachte Zeit und Arbeit, alles, was ihr daran tut, zur Verherrlichung Dessen dienen, dem die Lämmer gehören.

Während das Weiden eine selbstverleugnende Tätigkeit ist, ist es zugleich auch eine ehrenvolle Aufgabe, der wir uns mit dem Gefühl widmen können, dass es einer der edelsten Liebesdienste ist. Jesus sagt: „meine Lämmer, meine Schafe". Wenn ich daran denke, dann wundert es mich, dass Jesus sie uns anvertraut hat. Der arme Petrus! Wie mag er sich gefühlt haben? In diesem Moment hat er bestimmt kaum gewagt seine Augen zu heben. Der Herr beabsichtigte aber, ihn völlig zur Ruhe zu bringen, indem Er dem Gefallenen die Gelegenheit bot seine Liebe zum Herrn, die er durch seine Verleugnung so sehr in Frage gestellt hatte, öffentlich auszusprechen. Wie ein guter Arzt kommt der Herr mit dem Skalpell genau an die Stelle, an der Furcht und Scham sich festgesetzt hatten, indem Er die Frage stellt: „Simon, Sohn des Johannes, hast du mich lieb?" Nicht, als hätte Er seine Liebe nicht gekannt, sondern damit Petrus selbst sich ihrer bewusst wird und aufs Neue bekennen kann: „Ja, Herr, Du weißt, dass ich Dich lieb habe!" Man hätte denken können, der Herr hätte auf diese Antwort erwidert: „Ah, Petrus und ich habe dich lieb!", aber das sagte Er nicht. Und doch, im Grunde genommen lautete die Antwort des Herrn dennoch so. Petrus selbst hat in seiner tiefen Trauer diesen Sinn zwar nicht gleich verstanden, wir können ihn aber umso besser verstehen.

War es nicht, als wollte der Heiland sagen: „Ich habe dich so lieb, dass ich dir anvertraue, was ich mit meinem Blut erkauft habe. Das Liebste, was ich auf der ganzen Welt habe, ist meine Herde. Schau mal, Simon, ich habe so viel Vertrauen zu deiner Treue und deiner aufrichtigen Liebe zu mir, dass ich dich zu einem Hirten meiner Schafe mache. Sie sind alles, was ich auf Erden habe, ich habe alles, sogar das Leben, für sie hingegeben – und nun, Simon, Sohn des Johannes, achte auf sie, weide, hüte sie für mich."

O, es war „herzlich geredet"! Es war das große, weite, liebende Herz Christi, aus dem es hieß: „Du armer, lieber Petrus, komm ohne Scheu her und teile meine liebste Arbeit mit mir!" Der Herr Jesus schenkte dem Bekenntnis seines Jüngers so viel Glauben, dass Er es ihm nicht in Worten, sondern durch seine Aufträge zu erkennen gab. Dreimal sagte er: „Weide meine Lämmer! Weide meine Schafe! Weide meine Schafe!" und zeigte dadurch, wie sehr er seinen Jünger liebte. Wenn der Herr Jesus jemanden sehr lieb hat, gibt Er ihm viel zu tun oder viel zu leiden.

Manche von uns sind wie ein aus dem Feuer gerissener Holzscheit, die wir „fremd und feindlich gesinnt waren in bösen Werken" (Kol. 1, 21), jetzt aber sind wir in der Gemeinde Gottes und unter Gottes Freunden und der Heiland vertraut uns sein Liebstes an. Ob der verlorene Sohn wohl von seinem Vater zwischendurch zum Markt geschickt wurde um den Weizen zu verkaufen und das Geld zurückzubringen? Die meisten Väter hätten wahrscheinlich gesagt: „Ich freue mich ja, dass der Bursche zurückgekommen ist, aber zum Markt schicke ich lieber den älteren Sohn, der ist immer bei mir geblieben." Was mich selbst betrifft, so nahm mich der Herr als einen verlorenen Sohn an und vertraute mir wenige Wochen später das Evangelium an, den größten aller Schätze. Das war ein großes Liebeszeichen, ich wüsste kein größeres. Der Auftrag, den Jesus dem Petrus gab, bewies, wie gründlich der Bruch geheilt und die Sünde vergeben war. Der Herr erwählte den, der Ihn mit Fluchen und Schwören verleugnet hatte, zum Weiden seiner Lämmer und Schafe! O, gesegnete Aufgabe, nicht für uns selbst und doch für uns selbst! Wer sich selbst dient, wird sich verlieren, wer aber sich selbst verliert, dient wirklich auf die beste Weise sich selbst.

Der Hauptbeweggrund eines guten Hirten ist die Liebe. Wir sollen die Lämmer Christi aus Liebe weiden. Zuerst als Beweis der Liebe. „Liebt ihr mich, so haltet meine Gebote" (Joh. 14,15). Hast du mich lieb, so weide meine Lämmer. Hast du den Heiland lieb, so beweise es durch Gutes tun, dadurch, dass du dich selbst anderen widmest und ihnen hilfst, dass Jesus Freude an ihnen haben könnte.

Deine Liebe wird dadurch wachsen. „Weide meine Lämmer!" Wer den Heiland auch noch nicht so sehr liebt, wenn Er anfängt um seinetwillen Gutes zu tun, wird Ihn immer mehr lieben lernen. Die Liebe wächst durch tätige Übung, ähnlich wie der Arm eines Schmieds durch den Gebrauch des Hammers immer stärker wird. Liebe liebt immer mehr und ist nicht befriedigt, bis sie immer mehr der vollkommenen Liebe in Jesu ähnlich wird.

Wie sich also unsere Liebe immer mehr in unsere Herzen ergießt, so ist auch das Weiden der Lämmer ein Ausfluss der Liebe. Wie oft haben wir beim Predigen dem Herrn gesagt, dass wir Ihn lieb haben und ich denke, ihr Lehrer, ihr Helfer und Helferinnen der Sonntagsschule, empfindet die Freude an der Liebe zu Jesus stärker, wenn ihr mit euren Schülern beschäftigt seid als zu Hause. Wenn ihr allein seid, können euch schon mal trübe Gedanken befallen, doch wenn ihr euch erhebt um für Jesus zu wirken, wird die Liebe bald das Herz durchdringen und euch Freude geben.

So lasst uns denn in dem gesegneten Dienst des

Herrn bleiben, lasst Ihn die Freude unseres Herzens, das Meer der Liebe werden. Für eine liebende Seele ist die Arbeit für den Herrn Erfrischung; zu den schönsten dieser himmlischen Erfrischungen gehört das Weiden junger Christen, indem wir danach streben ihnen zur Erkenntnis und zum Verständnis zu verhelfen, damit sie stark werden im Herrn.

Das Kind Timotheus und seine Lehrerinnen

Da es heutzutage leider so wenig christliche Mütter und Großmütter auf dieser Welt gibt, hat man es in der Kirche für richtig gehalten, das Belehren der Kinder zu Hause durch den Unterricht in der Kirche zu ersetzen. Kinder, denen es zu Hause an christlicher Belehrung fehlt, werden von der Gemeinde in mütterliche Pflege genommen. Ich halte das für eine sehr gute Einrichtung. Ich bin dankbar für die vielen Brüder und Schwestern, die einen Teil ihrer Sonntage, manche auch einen ihrer vielen Abende dazu hergeben Kinder anderer Leute zu unterrichten, die sie nach und nach fast wie ihre eigenen anzunehmen lernen. Sie streben danach die Pflicht von Vater und Mutter um des Herrn willen an Kindern zu erfüllen, die von ihren eigenen Eltern vernachlässigt werden und sie tun gut daran.

Aber christliche Eltern sollen sich nicht dem Wahn hingeben, dass sie durch die Sonntagsschule von ihren persönlichen Pflichten befreit werden. Das Erste und Natürlichste für christliche Eltern ist, dass sie ihre Kinder in der „Zucht und Ermahnung des Herrn" aufziehen. Gottseligen Großmüttern und gottesfürchtigen Müttern samt ihren Männern soll es am Herzen liegen, dass ihre Jungen und Mädchen gut im Wort Gottes unterrichtet werden. Wo solche Eltern fehlen, ist es gut, wenn andere Leute sich um sie kümmern. Es ist ein christliches Werk die ungetane Pflicht der Eltern zu übernehmen. Dem Herrn Jesus gefallen Leute, die seine Lämmer weiden und seine Kleinen pflegen. Denn es ist nicht sein Wille, dass eins von ihnen verloren gehe. Timotheus hatte das große Vorrecht, von denen unterrichtet zu werden, für die es ihre natürliche Pflicht war; wo es aber an diesem großen Vorrecht fehlt, lasst uns alle versuchen den Kindern einen Ersatz zu bieten für den schrecklichen Verlust, den sie zu erleiden haben. Kommt hervor, ernste Männer und Frauen und weiht euch diesem freudenreichen Dienst.

Achtet zunächst auf den Gegenstand des Unterrichts. Paulus schreibt an Timotheus: „Weil du von Kind auf die Heilige Schrift kennst." Timotheus war angeleitet das Buch Gottes mit großer Ehrfurcht zu behandeln. Ich lege besonderen Nachdruck auf das Wort „Heilige Schrift". Es sollte eins der ersten Ziele der Sonntagsschule sein den Kindern große Ehrfurcht vor diesem heiligen Buch, diesen von Gott eingegebenen Schriften, beizubringen. Die Juden stellten das Alte Testament über alles. Auch wenn leider manche in eine abergläubische Ehrfurcht vor dem Buchstaben verfielen und dabei den Geist derselben verloren, so ist doch ihre gründliche Ehrfurcht vor den Aussprüchen Gottes sehr zu empfehlen. Besonders in unseren Tagen haben wir dieses Gefühl sehr nötig. Man trifft Leute, die seltsame Ansichten vertreten, ich frage aber nicht halb so viel nach ihren Ansichten und ihrer Seltsamkeit, wie nach einem gewissen Etwas, das ich im Hintergrund dieser Anschauung suche. Wenn ich ihre Ansichten als schriftwidrig erwiesen habe und sehe, dass ich ihnen trotzdem nichts bewiesen habe, eben weil sie sich nicht um die Schrift kümmern, dann habe ich bei ihnen einen Grundsatz entdeckt, der viel gefährlicher ist, als ihre Verwirrung in der

Lehre. Die Gleichgültigkeit gegenüber der Schrift ist der große Fluch in der Christenheit unserer Tage. Wir können und sollen ja bei abweichender Meinung geduldig sein, solange wir die ernste Absicht erkennen den göttlichen Geboten zu folgen; wenn es aber dahin gekommen ist, dass das heilige Buch dem Betreffenden nur eine geringe Autorität ist, dann sind weitere Verhandlungen überflüssig. Dann stehen wir auf verschiedenem Grund und Boden und je eher wir das einsehen, desto besser ist es für alle betreffenden Parteien. Wenn wir überhaupt eine christliche Kirche im Land haben wollen, muss die Schrift als heilig gelten und in Ehren gehalten werden. Die Heilige Schrift ist von Gott eingegeben und nicht das Resultat dunkler Mythen und zweifelhafter Überlieferungen. Sie muss unseren Kindern gegeben und von uns selbst angenommen werden als die unfehlbare Offenbarung des heiligen Gottes. Legt darauf besonderen Nachdruck, sagt den Kindern, dass das Wort des Herrn ein reines Wort ist, dass „die Worte des Herrn lauter wie Silber sind, im Tiegel geschmolzen, siebenmal geläutert." (Ps. 12, 7) Lasst ihre Ehrfurcht vor dem Wort Gottes bis auf das Höchstmaß erhoben werden.

Beachtet, dass Timotheus gelernt hatte, nicht nur im Allgemeinen heilige Dinge hoch zu schätzen, sondern besonders die Heilige Schrift zu kennen. Der Unterricht seiner Mutter und Großmutter war die Lehre der Heiligen Schrift. Angenommen, wir sammeln die Kinder sonntags um sie zu amüsieren und ihnen die Zeit angenehm zu vertreiben oder wir unterrichten sie wie an den anderen Wochentagen in den gewöhnlichen Fächern – was hätten wir dann erreicht?

Nichts, was des Tages des Herrn oder der Gemeinde würdig ist. Oder angenommen, wir unterweisen die Kinder sorgfältig in den Regeln unserer eigenen Gemeinde und machen sie nicht mit der Schrift vertraut, oder führen sie in ein Buch ein, das die Grundregeln unserer Gemeinde enthält, lassen aber die Bibel unberücksichtigt – was haben wir getan? Das vorhin erwähnte Buch kann richtig, kann aber auch nicht richtig sein, wir können die Kinder also in der Wahrheit, oder auch in der Unwahrheit unterrichtet haben – wenn wir uns aber an das Wort Gottes halten, werden wir nie einen Fehlgriff machen.

Mit einem solchen Standard haben wir das Richtige getroffen. Dieses Buch ist das Wort Gottes. Wenn wir die Kinder in dieses Buch einführen, lehren wir das, was dem Herrn gefällt und was Er segnen wird. O, ihr lieben Lehrer und Lehrerinnen – ich schließe auch mich selbst mit ein – lasst doch unser Leben immer schriftgemäßer werden! Macht euch nichts daraus, wenn unsere Klassen vergessen, was wir sagen, sondern bittet die Kinder zu behalten, was der Herr sagt. Möchten die göttlichen Wahrheiten über Sünde, Gerechtigkeit und das zukünftige Gericht in ihren Herzen geschrieben sein! Möchten die offenbarten Wahrheiten über die Liebe Gottes, die Gnade unseres Herrn Jesus Christus und das Werk des Heiligen Geistes nie von ihnen vergessen werden! Möchten sie mit der Kraft und Notwendigkeit des versöhnenden Blutes unseres Herrn, der Kraft seiner Auferstehung und der Herrlichkeit seiner Wiederkunft bekannt werden! Möchten die Gnadenlehren wie mit einem eisernen Stift in ihre Herzen geritzt sein um nie verwischt zu werden! Wenn wir das erreichen, haben wir nicht umsonst gelebt. Die jetzige Generation ist, wie es scheint, entschlossen, sich von der ewigen Wahrheit Gottes loszusagen; wir werden aber nicht verzweifeln, wenn das Evangelium dem Gedächtnis der heranwachsenden Generation eingeprägt wird.

Noch einmal über diesen Punkt: Wie es scheint, war der junge Timotheus als Kind so angeleitet worden, dass der Unterricht Erfolg hatte. „Weil du von Kind auf die Heilige Schrift kennst", sagt der Apostel. Es ist sehr viel damit gesagt, wenn es von einem Kind heißt, dass es die Heilige Schrift kennt oder von Kind auf gekannt hat. Ihr mögt die Kinder zwar in der Heiligen Schrift unterrichtet haben, aber ob sie diese dann auch kennen, ist etwas ganz anderes. Kennen alle von euch Erwachsenen die Heilige Schrift? Ich fürchte, dass das Vertrautsein mit der Heiligen Schrift sehr selten ist, auch wenn das Verständnis im Allgemeinen zunimmt. Wenn wir jetzt eine Prüfung durchführen würden, so würden am Ende manche Namen in der Liste nicht gerade glänzen. Hier war aber ein Junge, der die Heilige Schrift kannte, das heißt, sie war ihm auffallend vertraut. Kinder können dazu kommen. Das ist nicht unmöglich. Wenn Gott eure Bemühungen mit Segen krönt, liebe Freunde, können die Kinder gut wissen, was zur Seligkeit erforderlich ist. Sie können ein ebenso klares Verständnis von der Sünde haben wie ihre Mutter, einen ebenso klaren Blick von der Versöhnung wie vielleicht die Großmutter ihn hat; sie können einen ebenso festen Glauben an Jesus haben wie irgend jemand von uns. Für das, was uns Frieden bringt, braucht man keine lange Erfahrung um uns auf dessen Empfang vorzubereiten, es gehört zu den einfachen Gedanken. Die Ansicht, dass ein Kind nicht die ganze Wahrheit des Evangeliums aufnehmen kann, ist sehr falsch, denn das kindliche Wesen ist ihm dazu eher hilfreich als hinderlich. Schließlich müssen doch die älteren Leute wie die Kinder werden, wenn sie in das Reich Gottes eingehen wollen. Legt bei den Kindern einen guten Grund. Lasst die Sonntagsschularbeit nicht nachlässig oder gleichgültig betrieben werden. Lasst die Kinder die Heilige Schrift kennen. Sucht Rat und Belehrung vielmehr in der Bibel, als in irgendeinem menschlichen Buch.

Die Arbeit an Timotheus wurde durch den seligmachenden Glauben gesegnet. Die Schrift errettet uns nicht, sie kann uns aber „weise machen zur Seligkeit". Kinder können die Schrift kennen ohne Kinder Gottes zu sein. Der Glaube an Jesus Christus ist die Gabe, die sofortiges Heil bewirkt. Manche lieben Kinder haben schon so früh den Ruf Gottes gehört, dass sie nicht genau sagen können, wann sie bekehrt wurden. Sie sind aber dennoch bekehrt und zu irgendeiner Zeit vom Tod ins Leben hindurchgedrungen. Wir hätten an diesem Morgen trotz aller Beobachtung nicht den Augenblick bestimmen können, an dem die Sonne aufgegangen ist, sie ist aber aufgegangen, es gab einen Zeitpunkt, an dem sie unter dem Horizont war und einen, an dem sie sich über denselben erhoben hatte. Der Augenblick, an dem das Kind gerettet wird ist der, an dem es an seinen Heiland glaubt, ob wir es sehen oder nicht. Großmutter Lois und Mutter Eunike hatten Timotheus vielleicht schon Jahre lang im Alten Testament unterwiesen, während sie selbst noch nichts vom Herrn Jesus wussten. Wenn das der Fall war, hatten sie ihm ein Bild ohne Gegenbild, ein Rätsel ohne Lösung gezeigt. Trotzdem war der Unterricht gut und enthielt alle Wahrheit, die sie kannten.

Wie viel mehr Freude bereitet dagegen unsere Aufgabe, da wir das Alte Testament durch das Neue erklären und damit deutlich von dem Herrn Jesus reden können! Dürfen wir deshalb nicht hoffen, dass unsere Kinder noch früher als Timotheus begreifen, dass Jesus Christus die Hauptsumme und das Wesen der Heiligen Schrift ist und sie so durch den Glauben an Ihn die Macht bekommen Kinder Gottes zu werden? Auch wenn eure Kinder noch nicht mit allen Lehren der Schrift vertraut sind und die tiefen Wahrheiten noch nicht ergriffen haben, so sind sie doch gerettet, sobald sie durch den Glauben an Jesus Christus „weise zur Seligkeit" sind. Der Glaube an den Herrn Jesus, wie er uns in der Bibel vorgestellt wird, macht selig. „Wenn du von ganzem Herzen glaubst, so soll es geschehen", antwortete Philippus dem Kämmerer aus Äthiopien, der getauft werden wollte (Apg. 8, 37). Wir sagen jedem Kind dasselbe: „Bekenne deinen Glauben an Jesus, wenn du wirklich Glauben hast. Wenn du glaubst, dass Jesus der Christus ist und so auf Ihn vertraust, dann wirst du ebenso sicher gerettet und selig, als wenn du schon graue Haare hättest."

Durch diesen Glauben an Jesus Christus bleiben wir auf dem Heilsweg und machen darauf Fortschritte. Wir sind zwar in dem Augenblick gerettet, in dem wir glauben, aber wir sind nicht gleich so weise, wie wir sein sollten und es zu werden hoffen. Durch den Glauben werden Kinder kleine Jünger, durch den Glauben machen sie Fortschritte. Wie erreichen wir Weisheit? Nicht dadurch, dass wir den Glaubensweg verlassen, sondern dadurch, dass wir in demselben Glauben bleiben, mit dem wir zuerst anfingen. Wenn du durch den Glauben das ABC gelernt hast, dann kannst du nur durch den Glauben das DEF lernen, bis du durchs ganze Alphabet gekommen und im Buch der Weisheit erfahren bist. Wenn du durch den Glauben die Fibel des einfachen Glaubens buchstabieren gelernt hast, dann musst du durch denselben Glauben an Christus Jesus weitergehen, damit du ein Schriftgelehrter wirst, der die Klassiker der vollen Gewissheit lesen kann und der in den Dingen des Reiches Gottes gut unterrichtet ist. Halte dich deshalb dicht an der Übung des Glaubens, von dem sich heutzutage so viele abwenden. In unserer Zeit versuchen die Menschen Fortschritte zu machen durch das, was sie „Denken" nennen, was nichts weiter ist als lauter Fantasie und Spekulation. Durch Zweifel kommt man keinen Schritt vorwärts, es geschieht nur durch den Glauben. Es gibt in unserem toten Selbst keine Stufen zum Leben, nur hinunter zum Tod und Verderben. Die einzigen Stufen zum Leben und zur Seligkeit sind nur in der Wahrheit Gottes zu finden, die unserem Glauben geoffenbart ist. Glaube an Gott, so hast du Fortschritte gemacht. Lasst uns also für unsere Kinder beten, dass sie immer mehr wissen und glauben lernen. Die Schrift kann sie „weise machen zur Seligkeit", aber nur durch den Glauben, der in Christus Jesus ist. Der Glaube ist es, worauf wir zielen sollen, der Glaube an den von Gott verordneten, gesalbten und erhöhten Heiland. Das ist der Anker, zu dem wir unsere kleinen Schiffe bringen sollen, denn hier werden sie in vollständiger Sicherheit bleiben.

Gründliche Belehrung in der Heiligen Schrift, belebt durch einen lebendigen Glauben, schafft einen festen Charakter. Wer von Kind auf die Heiligen Schriften gekannt hat, wird, wenn er zum Glauben an Christus kommt, auf bleibenden Grundsätzen des unveränderlichen Wortes Gottes gegründet sein.

O, ihr Lehrer, seht, was ihr tun könnt! In euren Klassen sitzen unsere zukünftigen Evangelisten. In der jüngsten Klasse sitzt vielleicht ein Apostel für ein fernes Land. Unter deiner Leitung, liebe Schwester, steht vielleicht ein zukünftiger Vater Israels. Unter den dir anvertrauten Jungen, mein lieber Bruder, sind vielleicht solche, die auserwählt sind, als Fahnenträger des Herrn im Schlachtgetümmel voranzugehen. Auf euch sind viele Augen gerichtet, sooft ihr die Kinder um euch sammelt. Gott wolle euch helfen das Eure treu auszurichten! Wir bitten vereint, dass der Herr Jesus Christus mit unseren Sonntagsschulen sein möge von jetzt an bis Er wiederkommt!

„Was habt ihr da für einen Brauch?" (2. Mo. 12,26)

Um den richtigen Blick für diese Welt zu haben, sollten wir alles vom Gesichtspunkt der Erlösung aus betrachten. Es ist ein unendlich weiter Unterschied, ob wir die göttlichen Führungen vom Standpunkt des menschlichen Verdienstes oder vom Fuße des Kreuzes aus ansehen. Wenn Jesus nicht unser Licht ist, sehen wir nichts im richtigen Licht. Alles ist erst dann wirklichkeitsgetreu zu sehen, wenn du durch den roten Spiegel des Versöhnungsopfers schaust. Gebrauche dieses Teleskop des Kreuzes und du wirst weit und klar sehen, sieh durch das Kreuz auf den Himmel und auf die Hölle. Seht, wie sichtbar das Blut des Passalammes sein sollte und lernt daraus, euch aus dem Opfer Jesu viel, ja, alles zu machen. Christus ist ja alles.

Wir lesen in 5. Mo. 6,8.9 in Bezug auf die Gebote des Herrn: „Und du sollst sie binden zum Zeichen auf deine Hand und sie sollen dir ein Merkzeichen zwischen deinen Augen sein und du sollst sie schreiben auf die Pfosten deines Hauses und an deine Tore." Es fällt auf, dass das Gesetz dicht bei den Erinnerungszeichen des Blutes geschrieben ist. In den evangelischen Dörfern der Schweiz haben vielleicht einige von uns schon mal Bibeltexte an den Türpfosten gesehen. Ich möchte fast wünschen, dass das auch bei uns Sitte wäre. Wie viel kann den Vorübergehenden vom Evangelium bekannt werden, wenn über den Türen christlicher Häuser Schriftstellen geschrieben wären! Es würde vielleicht als pharisäisch verlacht werden, aber das wäre nicht schwer zu ertragen.

Leider sind in unseren Tagen nicht viele der Beschuldigung ausgesetzt zu religiös zu sein. Es ist mir eine Freude, in den Häusern Bibelsprüche an den Wänden zu sehen, – aber draußen über der Haustür, was für eine ausgezeichnete Evangeliumsverkündigung könnte dadurch auf billige Weise betrieben werden!

Aber achtet darauf, wenn ein Israelit auf seine Türpfosten eine Verheißung, eine Regel oder eine Lehre schrieb, dann musste er es auf eine mit Blut befleckte Fläche tun. Beim nächsten Passafest musste das Blut mit dem Ysop gerade über diese Fläche gesprengt werden. Ist das nicht ein köstlicher Gedanke, sich das Gesetz Gottes in Verbindung mit dem Versöhnungsblut zu denken, durch das es verherrlicht und geehrt worden ist? Das Gesetz in der Hand Christi ist nicht ein Schwert zum Töten, sondern ein Juwel zu unserer Bereicherung. Jede Wahrheit wird durch die Verbindung mit dem Kreuz im Wert gesteigert. Die Heilige Schrift selbst wird uns siebenmal wertvoller, wenn wir sehen, dass sie an uns als an Erlöste des Herrn gerichtet ist und auf jedem Blatt Zeichen der teuren Hände trägt, die für uns ans Kreuz genagelt wurden.

Es wurde also alles getan um dem Blut des Passalammes in den Augen derer einen hohen Wert zu geben, die der Herr aus Ägypten führte. Wir – ihr und ich – sollten nicht weniger als alles aufbieten um die teure, kostbare Lehre von dem Versöhnungsopfer Christi zu vertreten und zu erhalten. „Gott hat Den, der von keiner Sünde wusste, für uns zur Sünde gemacht, damit wir in Ihm die Gerechtigkeit würden, die vor Gott gilt." (2. Kor. 5, 21)

Jetzt möchte ich euch an die mit der Passafeier verbundene Einrichtung erinnern. „Und wenn eure Kinder zu euch sagen werden: Was habt ihr da für einen Brauch?, so sollt ihr sagen: Es ist das Passaopfer des Herrn [...]" (2. Mo. 12, 26. 27)

Unsere Kinder sollen zum Nachfragen angeregt werden. O, dass wir sie dazu bringen könnten, über göttliche Dinge nachzugrübeln! Manche fragen sehr früh, während andere anscheinend an derselben Gleichgültigkeit leiden wie ältere Leute. Wir haben es mit beiden, Jungen und Alten zu tun. Es ist sehr gut, den Kindern das heilige Abendmahl zu erklären, denn in diesem Symbol wird ihnen der Tod Christi gezeigt. Es tut mir Leid, dass Kinder nicht häufiger die Austeilung des Abendmahls sehen. Taufe und Abendmahl sollten in Gegenwart der heranwachsenden Generation gefeiert werden, damit die Kinder fragen lernen: „Was wollt ihr damit sagen – was habt ihr da für einen Brauch?" Nun, das Mahl des Herrn ist eine fortlaufende Evangeliumspredigt, die vor allem auf das Sündopfer gerichtet ist. Auch wenn viele die Versöhnungslehre von der Kanzel verbannen, durch das heilige Abendmahl wird sie dennoch leben. Das Brechen des Brotes und das Vergießen des Weins ist nur in Beziehung mit dem Versöhnungstod unseres Herrn zu erklären. Man kann nicht die „Gemeinschaft des Leibes Christi" erklären ohne in der einen oder anderen Weise den stellvertretenden Tod des Herrn Jesus damit zu verbinden. Lasst also eure Kleinen die Austeilung des Abendmahls sehen und sagt ihnen klar und deutlich, was es zu bedeuten hat. Wenn aber auch nicht durch das heilige Abendmahl – das ist ja nicht die herrliche Tatsache selbst, sondern nur ihr

Schatten – so haltet euch dennoch in ihrer Gegenwart häufig bei dem Leiden und Sterben unseres Erlösers. Führt sie im Geist nach Gethsemane, nach Gabbatha und Golgatha und lehrt sie Passionslieder singen, Dem zu Ehren, der sein Leben für uns dahingegeben hat. Sagt ihnen, wer der heilige Dulder war und weshalb Er so viel erduldet hat. Wir haben ja so viele schöne Passionslieder in unserer Sprache: „Eines wünsch ich mir vor allem anderen", „O Haupt voll Blut und Wunden", „Sei mir tausendmal gegrüßet" und so viele andere, von denen die Kinder möglichst viele auswendig lernen sollten. *(Die angegebenen deutschen Lieder sind statt der im Original enthaltenen englischen gewählt worden.)*

Wenn wir auf diese Weise die Kinder auf das beste aller Themen geführt haben, lasst uns versuchen, die wunderbare Tat zu erklären, durch die Gott gerecht bleibt und dennoch der Sünder gerechtfertigt wird. Kinder können die Lehre von dem Sühnopfer verstehen, das Evangelium ist ja auch für die Jungen bestimmt. Das Evangelium von der Stellvertretung, so geheimnisvoll es auch sein mag, ist andererseits auch ganz einfach. Wir sollten uns nicht zufrieden geben, bis unsere Kinder nicht nur von dem vollbrachten Opfer wissen, sondern auch ihr Vertrauen darauf setzen. Diese Erkenntnis ist eine wesentliche, der Schlüssel zu jedem anderen christlichen Unterricht. Wenn unsere Kinder mit dem Kreuzestod unseres Heilands bekannt gemacht worden sind, so haben sie einen guten Anfang gemacht. Mit allem, was ihnen geboten wird, sollten sie ein Verständnis für das Kreuz gewinnen – dann wäre das Fundament richtig und fest gelegt.

Das wird euch veranlassen dem Kind beizubringen, dass es einen Heiland braucht. Ihr dürft euch dieser notwendigen Aufgabe nicht entziehen. Schmeichle dem Kind nicht mit dem täuschenden Unsinn, dass es von Natur aus gut ist und nur entwickelt werden muss. Sage ihm vielmehr, dass es wiedergeboren werden muss. Lege es nicht auf das Ruhekissen seiner vermeintlichen Unschuld, sondern zeige ihm seine Sünde. Nenne ihm seine Lieblingssünden mit Namen und bitte, dass der Heilige Geist es von seiner Sünde überzeugen möchte. Behandle die Jungen in ähnlicher Weise wie die Alten. Sei gründlich und ehrlich ihnen gegenüber. Oberflächliches Christentum ist nicht gut, weder für Junge noch für Alte. Diese Jungen und Mädchen brauchen genauso die Vergebung durch das kostbare Blut Jesu Christi wie wir alle. Scheue dich nicht dem Kind von seinem Verderben zu sagen, sonst wird es kein Verlangen nach dem Heilsmittel haben. Sage ihm auch von der Strafe für die Sünde und von ihrem Schrecken. Sei liebevoll, aber wahr. Verschweige dem jungen Sünder nicht die Wahrheit, wie schrecklich sie auch sein mag. Wenn er jetzt, da er zu den Jahren der Verantwortlichkeit gekommen ist, nicht an Jesus glaubt und ohne Ihn lebt, wie wird es ihm dann am Tage des Gerichts ergehen! Rede zu ihm von dem Richterstuhl Christi, vor dem er über alles Rechenschaft ablegen muss, was er in seinem Leben getan hat. Strebe danach, sein Gewissen zu wecken und zu schärfen und bitte Gott, durch dich zu wirken, bis das Herz weich geworden ist und das Kind die Notwendigkeit seiner Erlösung erkennt.

Die Kinder müssen die Lehre vom Kreuz lernen,

damit sie das Heil finden können. Ich danke Gott, dass wir in unserer Sonntagsschule an die Erlösung der Kinder als solche glauben. Wie habe ich mich gefreut, so viele Jungen und Mädchen hervortreten zu sehen um ihren Glauben an den Heiland zu bekennen! Und hier möchte ich wiederum sagen, dass die besten, klarsten und intelligentesten Bekehrten, die wir je gehabt haben, die Jungen sind. Anstatt einen Mangel an Erkenntnis des Wortes Gottes, finden wir bei ihnen gewöhnlich ein erfreuliches Vertrautsein mit den christlichen Grundwahrheiten. Manche von diesen lieben Kindern waren im Stande mit großer Herzensfreudigkeit und kräftigem Verständnis von den großen göttlichen Dingen zu reden. Macht weiter, ihr lieben Lehrer und Lehrerinnen. Glaubt, dass Gott eure euch anvertrauten Kinder selig machen will. Gebt euch nicht damit zufrieden ihnen Grundsätze beizubringen, die sich vielleicht später entwickeln werden, sondern strebt nach ihrer Bekehrung! Erwartet Frucht in euren Kindern, solange sie Kinder sind. Betet für sie, dass sie nicht der Welt und den Übeln der äußeren Sünde verfallen um dann mit gebrochenen Beinen zum guten Hirten zurückzukommen, sondern dass sie durch die reiche Gnade Gottes von den Wegen des Verderbens bewahrt bleiben und in der Herde Christi aufwachsen können, zuerst als Lämmer seiner Weide und dann als Schafe seiner Hand.

In einem bin ich mir ganz sicher, nämlich darin, dass, wenn wir die Kinder in unmissverständlichen Ausdrücken in der Versöhnungslehre unterrichten, wir auch selbst dadurch gesegnet werden. Ich hoffe hin und wieder, dass Gott durch ein Gnadenwerk unter den Kindern seine Gemeinde beleben und zu ihrem alten Glauben wiederbringen wird. Wenn Er einen starken Zufluss an jungen Seelen in unsere Gemeinden kommen lassen würde, wie würde das zur Belebung des sich langsam bewegenden Blutes der Trägen und Schläfrigen dienen!

Ihr Kinderlehrer und -lehrerinnen, strebt danach, in der Gemeinde Leben zu schaffen! O, hätten wir viele solche! Wenn der Herr uns Gnade gibt, Kinder zu lehren, lehren wir damit zugleich auch uns selbst. Man lernt selbst auf keine Weise besser als durch Lehren und man versteht eine Sache nicht richtig, wenn man sie nicht anderen beibringen kann. Ihr versteht eine Wahrheit nicht gründlich, wenn ihr sie nicht einem Kind so erklären könnt, dass es sie verstehen kann. Wer sich also bemüht einem Kind die Versöhnungslehre deutlich zu machen, wird selbst zu klareren Ansichten kommen, auch deshalb ist dieser Dienst sehr empfehlenswert.

Welch ein Segen wird das sein, wenn unsere Kinder in der Lehre von der Erlösung durch Jesus Christus fest gegründet sind! Wenn sie vor den falschen Evangelien dieser bösen Zeit gewarnt und gelehrt werden, auf dem ewigen Fels der vollbrachten Tat Christi zu bleiben, dann dürfen wir hoffen, dass uns eine Generation folgen wird, die den Glauben bewahren und besser sein wird als ihre Väter. Eure Sonntagsschulen sind prächtig, aber was wäre ihr Zweck, wenn ihr in ihnen nicht das Evangelium lehrt? Ihr sammelt eine Anzahl Kinder um euch, haltet sie eine Stunde oder länger ruhig und schickt sie dann nach

Hause – aber wozu wäre das gut? Ihre Eltern hätten für diese Zeit Ruhe und vielleicht schicken sie die Kinder gerade deswegen hin. Aber das wirklich Gute liegt in dem, was den Kindern gelehrt wird. Die erste Grundwahrheit sollte deswegen den vordersten Platz einnehmen – und das ist nichts anderes als das Kreuz! Manche reden zu den Kindern, als ob sie liebe, gute Kinder seien usw. und lehren sie das Gesetz, obwohl sie Erwachsenen das Evangelium verkündigen würden. Ist das ehrlich? Ist das weise? Kinder brauchen das Evangelium, das volle, unverfälschte Evangelium. Es sollte ihnen geboten werden und wenn der Geist Gottes sie lehrt, sind sie nicht weniger dazu befähigt es aufzunehmen als Personen im reiferen Alter. Lehrt die Kleinen, dass Jesus gestorben ist, der Gerechte für die Ungerechten um uns zu Gott zu bringen.

Mit großem Vertrauen überlasse ich dieses Werk den Lehrern und Lehrerinnen. Ich kannte noch nie eine edlere Gruppe christlicher Männer und Frauen, ob jung oder alt. Sie sind so ernst in ihrer Liebe zu dem alten Evangelium, wie sie eifrig darin sind Seelen zu gewinnen. Nur mutig vorwärts! Der Gott, der schon so manche eurer Kinder gerettet hat, will noch viel mehr selig machen und wir werden die große Freude haben, dass Hunderte zum Heiland gebracht werden.

Samuel und seine Lehrer

In den Tagen Elis war das Wort des Herrn selten im Lande, es gab keine Weissagung und Offenbarung durch Gesichte. Es war nur gut, dass, als dann das Wort kam, der Erwählte ein hörendes Ohr hatte und ein gehorsames Herz um es zu befolgen. Eli hatte versäumt seine Söhne zu willigen Dienern und aufmerksamen Hörern des Wortes des Herrn zu erziehen. Er konnte sich nicht damit entschuldigen, dass er unfähig wäre, denn den jungen Samuel hatte er ja erfolgreich zur ehrfurchtsvollen Beachtung des göttlichen Willens angeleitet. O dass doch die, die sich fleißig um die Seelen anderer bemühen, auch auf ihren eignen Haushalt achten würden! Du armer Eli bist wie mancher in unseren Tagen zum Hüter von Weinbergen gesetzt, aber leider hast du deinen eigenen Weinberg vernachlässigt! Wie wird sein Herz geblutet haben, sooft er den gottesfürchtigen Samuel ansah! Wenn er an seine eigenen vernachlässigten, ohne väterliche Zucht herangewachsenen Söhne dachte und wie sie sich vor ganz Israel in schlechten Ruf gebracht hatten, musste dem schwachen Vater der gottesfürchtige Samuel ein lebendiger Zeuge davon sein, was Gott aus einem Kind machen kann, das in der Furcht des Herrn erzogen wird. Hofni und Pinhas waren dagegen traurige Beispiele von dem, was elterliche Schwäche aus den Kindern der besten Eltern machen kann. Ach, Eli, hättest du so sorgfältig auf deine eigenen Söhne geachtet, wie auf das Söhnchen der Hanna, sie wären nicht solche Knechte Belials geworden, Israel hätte nicht um ihrer Gräuel willen das Speisopfer gelästert! O, der Herr gebe uns Gnade unsere Kleinen für Ihn zu erziehen, damit sie sein Wort hören, wenn Er zu ihnen redet.

Samuel war nicht nur mit einem gottesfürchtigen Vater gesegnet, sondern, was noch wichtiger ist, er war das Kind einer hervorragenden, gottseligen Mutter. Aus ihrem schönen Lied können wir entnehmen, dass Hanna dichterisch begabt war. Wie betet und singt sie: „Mein Herz ist fröhlich in dem Herrn, mein Haupt ist erhöht in dem Herrn. Mein Mund hat sich weit aufgetan wider meine Feinde, denn ich freue mich Deines Heils." (1. Sam. 2, 1) Jede Zeile verrät einen poetischen Sinn, aus jedem Satz spricht ein mutiger und demütiger Geist. Sogar die Jungfrau Maria, „die gesegneteste unter den Frauen", konnte nicht anders, als Worte mit ähnlichem Inhalt benutzen.

Noch mehr: Hanna war eine Frau mit viel Gebetsgeist. Sie war in großer Traurigkeit gewesen, aber schließlich wurden ihr ihre Gebete zu einem Segen. Dieser Sohn wurde ihr vom Herrn gegeben. Er bedeutete ihrem mütterlichen Herzen sehr viel und um auf der einen Seite ihre Dankbarkeit zu beweisen, auf der anderen Seite um das Gelübde zu erfüllen, das sie in ihrer Traurigkeit gemacht hatte, wollte sie das Beste, was sie hatte, dem Herrn weihen. Eben deshalb hatte sie ihr Söhnchen nach Silo vor den Herrn gebracht – ein Wink für alle christlichen Eltern ihre Kinder dem Herrn zu übergeben. Wie hoch begünstigt würden wir sein, wenn unsere Kinder wie Isaak „Kinder der Verheißung" wären! Was für gesegnete Eltern würden wir sein, wenn alle unsere Kinder den Herrn als ihren Heiland lobten!

Es ist einigen von euch vergönnt worden alle eure Kinder zum Volk Gottes zugezählt zu sehen. In ihrer frühen Kindheit habt ihr sie Gott übergeben, sie in ernstem Gebet Ihm geweiht – und jetzt hat Er euch die Bitte eures Herzens gewährt, die ihr von Ihm erbeten hattet. Es ist schön, wenn Eltern, denen ein Kindlein geschenkt worden ist, im eigenen Haus kleine Gottesdienste halten. Es liegt ein Segen darin, wenn Freunde sich mit ihnen versammeln und gemeinsam beten, dass Gott das Kind zu einem Erben der Verheißung macht und dass es schon früh durch die mächtige Gnade gezogen und in die Familie Gottes aufgenommen wird.

Ihr werdet sagen, dass, weil Samuel unter der Aufsicht und Anleitung Elis stand, Eli ihn in gewissem Maße in den Geist der Religion eingeführt hatte. Doch hat er, wie es scheint, ihm nicht die besondere Form und das Wesen der besonderen Offenbarungen Gottes erklärt, die den Propheten zuteil wurden. Dass sein Zögling selbst je mit solchen göttlichen Offenbarungen betraut werden würde, wäre dem Pflegevater wohl nicht im Traum in den Sinn gekommen. In jener bemerkenswerten Nacht, als gegen Morgen die Lampe Gottes verlosch, rief der Herr: „Samuel! Samuel!" Der Junge konnte aber nicht unterscheiden, dass es nicht die Stimme eines Menschen war, sondern die Stimme Gottes. Dass er den Geist des wahren Glaubens gelernt hatte, zeigt sein augenblicklicher Gehorsam. Die Gewohnheit zu gehorchen wurde ihm in den Verlegenheiten dieser ereignisreichen Stunde ein wertvoller Führer. Er stand auf, lief zu Eli und sprach: „Siehe, hier bin ich, du hast mich gerufen!" Auch wenn sich das dreimal wiederholte, so verließ der Kleine doch willig sein warmes Bett und ging zu seinem Pflegevater um zu sehen, ob er ihm irgendeinen Dienst tun könnte oder etwas ausführen, was Eli ihm auftragen würde. Ein sicheres Zeichen, dass der Junge – auch wenn er den geheimnisvollen Ruf nicht verstehen konnte – doch den gesunden Grundsatz des Gehorsams gelernt hatte. Es ist weit besser, dass das junge Herz erzogen wird das Joch zu tragen, als dass ihm der Kopf mit allen möglichen Kenntnissen gefüllt wird, wie wertvoll diese an und für sich auch sein mögen.

Als Eli merkte, dass Gott sein Kind gerufen hatte, lehrte er ihn ein kleines Gebet. Es ist zwar kurz, aber sehr inhaltsreich. „Rede, Herr, denn dein Knecht hört!" Vater und Mutter sollen das Kind lehren, was Beten ist, ihm sagen, dass Gott Gebet erhört. Sie sollen es auf den Heiland hinweisen und es dazu veranlassen seine Wünsche mit eigenen Worten auszusprechen sowohl morgens beim Aufstehen als auch abends vor dem Schlafengehen. Sammelt die Kleinen um euch, ihr Väter. Lauscht ihren kindlichen Worten. Macht sie auf ihre Bedürfnisse aufmerksam und erinnert sie an die göttlichen Gnadenverheißungen. Ihr werdet euch im Stillen vielleicht manchmal über ihr Gebet amüsieren, werdet aber noch häufiger über die Worte, ihre Bekenntnisse und Wünsche überrascht sein. Ja, ich glaube, wenn irgendein Christ unbemerkt zuhören würde, würde er später niemals ein Kind irgendeine Gebetsform lehren, sondern überzeugt sein, dass das unvorbereitet aus dem Kinderherzen kommende Gebet auch der besten Form vorzuziehen ist und dass diese Form ein für alle Mal abgeschafft werden sollte. Ich möchte allerdings nicht allzu voreilig mit meinem Urteil sein. Wer dennoch sein Kind ein Gebet hersagen lassen muss, achte darauf, dass es nichts Falsches sage.[1] Wer seine Kinder aus einem Katechismus lernen lässt, sorge dafür, dass der Katechismus gründlich schriftgemäß ist, damit das Kind nichts Unwahres lernt. Lehrt es nur die in dem Herrn Jesus geoffenbarte Wahrheit, soweit es sie erfassen kann und bittet, dass der Heilige Geist seinem Herzen diese Wahrheit einprägt. Es ist besser den jungen Reisenden nicht mit Wegweisern zu versorgen, als ihn durch falsche irrezu führen. Das Licht des Signalfeuers eines Schiffbrüchigen ist schlimmer als Finsternis. Lehrt die Jungen in religiösen Dingen unwahre Behauptungen aufzustellen – und ihr werdet herausfinden, dass ihr Gemüt durch den Unglauben nicht schlimmer hätte verdorben werden können. Formelle Religion ist ein Todfeind der wahren, lebendigen Gottseligkeit. Wenn ihr also eure Kleinen ein Gebet oder etwas aus einem Katechismus lehrt, dann sorgt dafür, dass alles wahr ist. Hütet euch davor dem Kind ein Wort in den Mund zu legen, das es nicht von Herzen sagen kann.

Wir müssen viel mehr Wert auf die Wahrhaftigkeit und Genauigkeit beim Reden legen. Wenn ein Kind vom Fenster aus etwas gesehen hat, was auf der Straße vorgegangen ist, erzählt dir aber, es hätte es von der Tür aus gesehen, dann lass es dir von ihm noch einmal erzählen um ihm einzuprägen in jeder Hinsicht wahr zu sein. Besonders in Bezug auf Glaubensdinge halte es

---

[1] *Anmerkung der Übersetzerin: Wie z.B. manche Eltern ihre Kinder beten lehren: „Ich bin klein, mein Herz ist rein" statt „mein Herz mach rein".*

von jeder Form zurück, bis es ein Recht hat sich daran zu beteiligen. Besteh von ganzem Herzen darauf, dass es im Glaubensleben um eine ernste Wirklichkeit geht, mit der man es nicht leicht nehmen soll. Denn für Gott ist keine Sünde ein größerer Gräuel als die Heuchelei. Mache deinen jungen Samuel nicht zu einem Heuchler, sondern erziehe ihn so, dass er mit tiefem Ernst und gewissenhafter Wahrhaftigkeit spricht. Lass ihn nie, sei es in der Antwort auf eine Frage aus dem Katechismus oder in der Form eines Gebets etwas sagen, was nicht unbedingt wahr ist. Wenn du einem Kind ein Gebet vorsagst, so lass es nicht Wünsche ausdrücken, die es nie hatte, sondern lass es seinem kindlichen Verständnis entsprechend sein.

Von Pastor John A. James wird gesagt: „Wie die meisten Männer, die in der Kirche Christi berühmt geworden sind, so hatte auch er eine fromme Mutter, die ihre Kinder zu sich in ihre Kammer zu nehmen pflegte und mit jedem Einzelnen für das Heil seiner Seele betete. Durch diese Übung, welche sie ihrer eigenen Verantwortlichkeit gemäß erfüllte, formte sie den Charakter ihrer Kinder, von denen die meisten, wenn nicht alle, heranwuchsen und die Mutter segneten. Wann sind solche Mittel je erfolglos gewesen?" Ich bitte euch, ihr lieben Helfer und Helferinnen in der Sonntagsschule, sobald ihr die erste Morgenröte in euren Kindern entdeckt, ermutigt sie in ihrem Sehnen. Glaubt an die Bekehrung der Kinder in ihrer Kindheit; glaubt, dass der Herr sie durch seine Gnade rufen, ihr Herz erneuern und ihnen Teil und Los unter seinem Volk geben kann, bevor sie erwachsen geworden sind.

Anweisungen für Eltern und Lehrer

Kinder in die Sonntagsschule zu bekommen, sollte das erste Anliegen des Lehrers sein. Die große Klage mancher Helfer und Helferinnen ist, dass sie keine Kinder bekommen können. In London bewirbt man sich um Kinder. Das ist ein guter Gedanke, den man in jedem Dorf, in jeder kleinen Siedlung ausführen sollte. Ich möchte euch raten, die Kinder auf jede rechtmäßige, erlaubte Weise zum Besuch der Sonntagsschule zu veranlassen. Natürlich nicht durch falsche Versprechungen oder durch „Bestechung". Wo man sich solcher Mittel bedient, sollten Väter und Mütter so viel Vernunft haben ihre Kinder nicht gehen zu lassen. Wenn die Eltern befürchten müssen, dass ihre Kinder benachteiligt werden, weil sie nicht zur Sonntagsschule gehen, dann handelt es sich um einen elenden, jämmerlichen Trick der Bestechung! Ich wollte, es hätte ein Ende damit, denn so etwas zeigt nur die Schwäche, die Erniedrigung und Abscheulichkeit einer Sekte, die ohne den Gebrauch eines solchen Systems nicht vorwärts kommen kann. Aber von diesen Methoden abgesehen solltet ihr bei der Auswahl der Mittel, durch die ihr die Kinder in die Sonntagsschule bringen könnt, nicht zu ängstlich sein. Wenn die Leute nicht in meine Kapelle kommen wollten, weil ich in einem schwarzen Rock predige, so würde ich morgen in Uniform erscheinen, ich würde irgendwie zusehen, dass ich eine Versammlung bekomme. Besser etwas Ungewöhnliches, Fremdartiges tun, als ein leeres Gotteshaus oder eine leere Klasse zu haben. Während meines Besuches in Schottland sandten wir einen

Ausrufer durch ein Dorf um uns Zuhörer zu sichern und der Plan erwies sich als überaus erfolgreich. Unterlasst keine erlaubten Mittel um Kinder zu rufen. Ich habe Prediger gekannt, die an Sonntagnachmittagen in die Straßen gegangen sind, mit den spielenden Kindern geredet und sie dazu veranlasst haben in die Sonntagsschule zu kommen. „Komm in unsere Schule, John", wird ein freundlicher Lehrer sagen, „du glaubst nicht, wie schön es dort ist!" Die Kinder kommen und er erzählt ihnen in seiner freundlichen, herzgewinnenden Weise von Jungen und Mädchen, die den Heiland lieb hatten. Geht und „fangt" sozusagen die Kinder ein. Das ist nicht gesetzlich verboten und im Kampf gegen den Teufel ist alles recht, denn dieser Kampf ist stets nur für Gott und für den Herrn Jesus. Meine erste Anweisung ist also die: „Seht zu, dass ihr Kinder für die Sonntagsschule bekommt und versucht sie euch auf irgendeine Weise zu sichern."

Versucht fernerhin die Liebe der Kinder zu gewinnen. „Kommt her, ihr Kinder, hört mir zu!" (Ps. 34, 12) Wisst ihr noch, wie wir in der Kleinkinderschule unterrichtet wurden, wie wir, die Hände auf dem Rücken, dastanden und unsere Lektion aufsagten? Das war nicht nach Davids Weise. Er sagt: „Kommt her, ihr Kinder, hört mir zu!" – „Komm her, setze dich auf meine Knie!" „O", denkt das Kind, „wie schön ist es so einen Lehrer zu haben, der mir erlaubt ihm nahe zu kommen, der nicht sagt 'Geh!', sondern 'Komm!'" Viele Lehrer machen den Fehler, dass sie den Kindern unnahbar bleiben und danach streben ihren Schülern einen hohen Respekt einzuflößen. Bevor jemand Kinder unterrichten kann, muss er sich den silbernen Schlüssel der Freundlichkeit angeschafft haben um die Herzen aufzuschließen und sich die Aufmerksamkeit der jungen Schüler zu sichern. Sagt: „Kommt her, Kinder." Wir haben fromme Männer gekannt, die den Kindern ein Schrecken waren. Erinnert ihr euch noch an die Geschichte von den zwei Jungen, die gefragt wurden, ob sie wohl in den Himmel kommen wollen und die zur Überraschung ihres Lehrers antworteten, dass sie das wirklich nicht wollten? Auf die Frage „Weshalb denn nicht?" antwortete einer der Jungen: „Ich möchte nicht in den Himmel kommen, weil Großpapa dort sein würde, er würde sicher sagen: 'Geht weg, Jungen. Macht, dass ihr fortkommt!' Ich möchte nicht mit Großpapa im Himmel sein!" Wenn also ein Junge einen Lehrer hat, der mit ihm über Jesus spricht, der aber immer nur ein saures Gesicht zeigt – was wird der Junge denken? Wird er nicht denken: „Ich möchte wissen, ob Jesus so wie er ist und wenn Er so ist, dann möchte ich Ihn nicht." Ein anderer Lehrer ärgert sich über jede Kleinigkeit und wird so aufgebracht, dass er am liebsten gleich Ohrfeigen austeilt und doch lehrt er die Kinder, dass sie sanftmütig und freundlich gegen andere sein sollen. „Nun", denkt der kleine Bursche, „das ist sicher ganz schön, was der Lehrer da sagt, er zeigt mir aber nicht, wie ich das machen soll." Wenn du durch dein Wesen ein Kind von dir treibst, hast du keine Macht mehr über es, all dein Unterrichten nützt ihm nichts. Alles ist nutzlos, wenn es dich nicht liebt. Strebe also danach die Liebe der Kinder zu gewinnen, dann werden sie gerne von dir lernen.

Ferner, fesselt die Aufmerksamkeit der Kinder. „Kommt her, ihr Kinder, hört mir zu!" Wenn sie nicht hören, dann könnt ihr zwar reden, aber es ist zwecklos. Wenn sie nicht zuhören, ist die Arbeit eine sinnlose Anstrengung für euch selbst und für die Kinder. Ohne Aufmerksamkeit erreicht ihr nichts. „Gerade das ist es, was ich nicht schaffe!", sagt einer. Nun, das hängt von dir selbst ab. Wenn du ihnen etwas bietest, was der Aufmerksamkeit wert ist, werden sie sicher auch zuhören. Das ist zwar keine allgemeingültige Regel, aber in den allermeisten Fällen trifft sie zu.

Vergesst nicht kleine Erzählungen mit einzuflechten. Gewisse Kritiker sind zwar sehr dagegen, dass man solche auch auf der Kanzel benutzt, andere dagegen wissen ganz gut, dass sie eine Versammlung wach halten. Wir können aus Erfahrung bezeugen, dass eine kleine Erzählung hier und da ausgezeichnet wirkt um die Aufmerksamkeit derer zu fesseln, die sich nicht nur mit trockener Lehre begnügen würden. Versucht im Laufe der Woche so viele Illustrationen zu sammeln wie ihr nur könnt. Wohin ihr auch geht, als weise Lehrer könnt ihr überall etwas finden, was ihr den Kindern erzählen könnt. Solche Erzählungen werden ihre Aufmerksamkeit mit Sicherheit wecken. Ein liebes Kind sagte einmal: „Vater, ich höre gerne Herrn Soundso predigen, denn er hat so viele 'Wie' in seiner Predigt – wie dies und wie das!" Ja, Kinder haben eine besondere Vorliebe für dieses „Wie". Legt ihnen Gleichnisse, Bilder, Figuren vor, so werdet ihr stets aufmerksame Zuhörer haben. Wenn ich ein Junge und Schüler eines Lehrers wäre, der nicht dann und wann eine Geschichte erzählte, der Lehrer würde sicherlich häufiger meinen Hinterkopf sehen als mein Gesicht. Oder wenn ich in einem heißen Schulzimmer sitzen würde, wer weiß, ob ich nicht einnicken und einschlafen würde oder mit meinem Nachbarn spielen und wie die Übrigen manches andere tun würde. Also bemüht euch darum, dass eure Kinder auch „zuhören".

Eine Probelektion nach dem 34. Psalm

Lehrt eure Kinder die Moral. „Behüte deine Zunge vor Bösem und deine Lippen, dass sie nicht Trug reden. Lass ab vom Bösen und tu Gutes; suche Frieden und jage ihm nach!" (Ps. 34, 14. 15) Nun, wir verkündigen nie moralische Reinheit als Weg zur Gerechtigkeit. Gott bewahre uns davor, dass wir jemals in irgendeiner Weise Menschenwerk mit der Erlösung vermischen, die in Christus Jesus ist. „Aus Gnade seid ihr selig geworden, durch den Glauben und das nicht aus euch, Gottes Gabe ist es." (Eph. 2, 8) Und doch lehren wir Moral, während wir Geistlichkeit predigen und ich habe immer gefunden, dass das Evangelium die beste Moral der ganzen Welt bietet. Ich wünsche, dass die Sonntagsschullehrer ein wachsames Auge auf die Moral der ihnen anvertrauten Jungen und Mädchen haben und besonders über solche Sünden mit ihnen reden, die unter ihnen am häufigsten vorkommen. Sie können ihnen gelegentlich manches sagen, was kaum ein anderer ihnen sagen könnte, besonders auch über die Sünde des Lügens, über die Sünde kleiner Veruntreuungen oder des Ungehorsams gegen die Eltern oder der Sonntagsheiligung. Es wäre sehr angebracht, diese Sünden eine nach der anderen vorzunehmen.

Es nützt wenig, über die Sünde und die Sünden im Allgemeinen zu sprechen, nehmt sie alle einzeln, wie David es tut. Er redet zuerst über die Zungensünden. „Behüte deine Zunge vor Bösem und deine Lippen, dass sie nicht Trug reden." Dann redet er weiter über das ganze Verhalten. „Lass ab vom Bösen und tu

Gutes; suche Frieden und jage ihm nach!" Wenn die Seele des Kindes nicht durch andere Teile des Unterrichts berührt wird, so wird vielleicht gerade dieser Teil einen positiven Einfluss auf sein Leben haben und ist insofern gut. Gute Moral ist dabei etwas verhältnismäßig Geringes. Das Beste von dem, was ihr zu lehren habt, ist Gottseligkeit. Ich sage nicht Religion sondern Gottseligkeit. Manche sind in gewisser Weise religiös ohne gottselig zu sein. Manche haben allen äußeren Anschein der Gottseligkeit, die ganze Fassade der Frömmigkeit, wir nennen solche religiös, sie haben aber keinen richtigen Begriff von Gott. Auch wenn sie an ihre Kirche, ihren Sonntag, ihre Bücher denken – sie denken nicht an Gott. Wer Gott nicht ehrt, nicht zu Gott betet und Ihn nicht liebt, ist ein ungöttlicher Mensch, ganz gleich wie seine äußere Religion auch sein mag. Lehrt die Kinder auf Gott zu schauen, schreibt es in ihr Gedächtnis: „Du, Gott, siehst mich." Prägt es ihnen ein, dass all ihr Tun und Denken von Gott beachtet wird. Kein Sonntagsschullehrer erfüllt seine Pflicht, wenn er nicht immer wieder ausdrücklich hervorhebt, dass es einen Gott gibt, der alles beachtet was geschieht. O, dass wir selbst mehr mit Gott verbunden wären, mehr von der Gottseligkeit redeten und sie höher schätzten!

Das Dritte ist das Übel der Sünde. Wenn ein Kind dieses Übel nicht erkennen lernt, wird es nie den Himmelsweg finden. Keiner von uns hat je gewusst, was für ein Heiland unser Herr Jesus ist, bis wir erkannten, wie böse die Sünde ist. Wenn nicht der Heilige Geist uns die Sündhaftigkeit der Sünde lehrt, werden wir nie zur Erkenntnis des Heils kommen. Lasst uns also mit Gottes Hilfe danach streben, beim Unterricht stets einen besonderen Nachdruck auf das abscheuliche Wesen der Sünde zu legen. „Das Angesicht des Herrn steht wider alle, die Böses tun, dass Er ihren Namen ausrotte von der Erde." (Ps. 34,17) Schone dein Kind nicht, lass es wissen, wohin die Sünde führt. Scheue dich nicht einfach und verständlich über die Folgen der Sünde zu reden. Ein Vater verlor eines Tages plötzlich einen seiner Söhne, einen sehr gottlosen Jugendlichen. Der Vater sagte nicht – wie es wahrscheinlich so mancher getan hätte – zu den Seinen: „Ich hoffe, euer Bruder ist in den Himmel gegangen" – o nein. Seine natürlichen Gefühle überwindend war er durch die göttliche Gnade fähig seine Kinder um sich zu sammeln und zu sagen: „Meine Söhne und Töchter, euer Bruder ist tot. Ich fürchte, er ist in der Hölle. Ihr wisst, wie er gelebt hat und jetzt hat Gott ihn in seinen Sünden hinweggerafft." Er redete zu ihnen weiter mit großem Ernst von dem Ort der Qual, an den der Unglückliche wahrscheinlich gegangen war und bat sie dringend dem zukünftigen Zorn zu entfliehen. Durch dieses Mittel wurden seine Kinder zu ernstem Nachdenken gebracht. Hätte der Vater aber weichherzig, nicht aufrichtig und ernst gesprochen, hätte er gesagt, er hoffe, sein Sohn sei in den Himmel gegangen – was würden seine übrigen Kinder gesagt haben? „Wenn er in den Himmel gekommen ist, so haben wir keinen Grund uns zu fürchten, sondern können leben wie wir wollen." Nein, nein, es ist nicht lieblos und unchristlich von manchem, der ein Höllenleben geführt hat, zu befürchten, dass er zur Hölle gefahren sei. „Aber können und dürfen wir denn andere Menschen richten?" Sicherlich nicht, aber an ihren Früchten sind sie zu erkennen. „Aber können sie nicht noch in der letzten Stunde gerettet worden sein?" Wir wissen von einem, bei dem das der Fall war, ob es auch bei anderen geschehen ist, weiß ich nicht. Seid also ehrlich mit euren Kindern und lehrt sie mit Gottes Hilfe, dass „den Gottlosen das Unglück töten wird" (V. 22).

Ihr werdet den Kindern aber noch nicht die Hälfte beigebracht haben, bis ihr ihnen sorgfältig die vierte Lektion beigebracht habt – die Notwendigkeit der Herzensänderung. „Der Herr ist nahe denen, die zerbrochenen Herzens sind und hilft denen, die ein zerschlagenes Gemüt haben." (V. 19) Möge Gott uns helfen, dass wir das nie aus dem Sinn verlieren, dass ein zerbrochenes Herz und ein zerschlagenes Gemüt da sein müssen, dass ohne eine neue Natur gute Werke nichts nützen, dass die eifrigste Pflichterfüllung und die inbrünstigsten Gebete wie gar nichts sind, wenn nicht durch die Gnade und Barmherzigkeit Gottes eine echte, gründliche Buße und ein völliges Entsagen der Sünde bei uns vorhanden ist. Vergesst deshalb nicht, diese drei Worte besonders zu erklären: Verderben, Erlösung und Wiedergeburt. Sagt den Kindern, dass sie durch Adams Fall verdorben und verloren sind und dass nur durch das Blut Jesu Christi und die Wiedergeburt und Erneuerung durch den Heiligen Geist Heil für sie da ist. Haltet ihnen immer wieder diese lebendigen Wahrheiten vor, dann wird euch schließlich auch die erfreuliche Aufgabe zuteil, ihnen das schöne Schlusswort unseres Psalms zu bringen.

Sagt also fünftens den Kindern, welcher Segen, welche Freude es ist ein Christ zu sein. „Der Herr erlöst das Leben seiner Knechte und alle, die auf ihn trauen, werden frei von Schuld." (V. 23) Ich brauche euch wohl kaum zu sagen, wie ihr dieses Thema zu behandeln habt, wer weiß, was es ist ein Christ zu sein, dem wird es nicht an Stoff fehlen. Wenn wir auf diesen Gegenstand zu sprechen kommen, möchten wir am liebsten in seiner Wonne schwelgen. Mit Recht steht geschrieben: „Wohl dem, dem die Übertretungen vergeben sind, dem die Sünde bedeckt ist!" (Ps. 32, 1) „Wohl dem, der seine Hoffnung auf den Herrn setzt." (Ps. 40, 5) Ja, wirklich, gesegnet ist der Mann, die Frau, das Kind, gesegnet sind alle, die auf den Herrn Jesus Christus hoffen. Ihr könnt diesen Punkt nicht genug betonen, den Punkt, dass die Gerechten glückliche Leute sind, dass die erwählte, durch Blut erkaufte und durch Macht errettete Gottesfamilie schon hier auf Erden ein gesegnetes Volk ist und es einst auf ewig droben sein wird. Lasst eure Kinder sehen, dass ihr dieser gesegneten Gesellschaft angehört. Wenn sie wissen, dass du trauerst, dann komm doch mit einem heiteren Gesicht in deine Klasse, damit die Kinder es fühlen, dass ihr Lehrer, wenn auch durch die Trauer niedergebeugt, ein gesegneter Mann ist. Zeigt euren Jungen und Mädchen stets ein freundliches Gesicht, damit sie wissen, dass euer Glaube eine gesegnete Wirklichkeit ist. Lasst es einen Hauptpunkt eures Unterrichts sein, dass der Gerechte zwar viel leiden muss, aber dass der Herr ihm aus alledem hilft. „Er bewahrt ihm alle seine Gebeine, dass nicht eines zerbrochen wird. [...] Der Herr erlöst das Leben seiner

Knechte und alle, die auf Ihn trauen, werden frei von Schuld." (V. 21.23)

Ich habe euch also fünf Lektionen gegeben. Nun lasst mich nach alledem euch noch ernsthaft sagen, dass bei allem eurem Unterricht, den ihr den Kindern erteilt, ihr euch dessen tief bewusst sein werdet, dass ihr gar nichts tun könnt um die Errettung und Seligkeit eines Kindes zu sichern, sondern dass von Anfang bis Ende nur Gott es ist, der alles wirken kann. Du bist einfach eine Feder, Gott kann dich zwar gebrauchen um etwas zu schreiben, aber du kannst aus dir selbst heraus gar nichts. Du bist wie ein Schwert, mit dem Gott wohl die Sünde des Kindes töten kann, du vermagst aber nicht es aus dir selbst zu tun. Denkt also immer daran, dass ihr zuerst selbst von Gott gelehrt werden müsst und dann bittet Gott, dass Er euch zum Lehren gebraucht. Wenn nicht Er, der große Lehrer, durch euch wirkt und das Kind lehrt, muss es verloren gehen. Es ist nicht euer Unterricht, durch den die Seelen der Kinder gerettet werden können, sondern das Wirken des Heiligen Geistes, das euer Werk begleitet. Möge Gott eure Bemühungen mit reichem Erfolg krönen! Wenn ihr mit anhaltendem, inbrünstigen Gebet Ihn darum bittet, wird Er es sicherlich tun. Nie hat der ernste Lehrer oder Prediger „vergeblich gearbeitet in dem Herrn". Nicht selten ist es vorgekommen, dass „das Brot, das er über das Wasser hat fahren lassen, nach langer Zeit gefunden wurde." (siehe Pred. 12,1)

„Kommt her, ihr Kinder, hört mir zu."

Denkt zunächst daran, wen ihr unterrichtet. „Kommt her, ihr Kinder." Ich denke, wir sollten immer Achtung vor unseren Zuhörern haben, nicht in dem Sinne, wie wenn wir vor Herrn Soundso predigen, vor einem Senator oder Freiherrn – es sind ja doch alle Titel in Gottes Augen nur die geringsten Kleinigkeiten. Wir dürfen aber nie vergessen, dass wir Menschen predigen, die eine Seele haben, dass wir deshalb ihre Zeit nicht mit Dingen vergeuden dürfen, die nicht wert sind gehört zu werden. Wer in der Sonntagsschule unterrichtet, nimmt womöglich noch größere Verantwortung auf sich als der Prediger. Dieser predigt hauptsächlich zu Erwachsenen, zu Menschen mit eigenem Urteil, die, wenn ihnen seine Predigtweise nicht gefällt, sich einen anderen Prediger wählen können. Ihr aber unterrichtet Kinder, die nicht daran denken würden, woanders hinzugehen. Wenn du einem Kind etwas Falsches sagst – es glaubt dir; bringst du ihm Irrlehren bei – es nimmt sie an und wird sie nicht so leicht vergessen. Ihr sät nicht, wie manche sagen, auf unbearbeitetem Boden, er ist schon längst vom Teufel bearbeitet worden. Ihr sät allerdings auf einen Boden, der jetzt fruchtbarer ist, als er je wieder sein wird, auf einen Boden, der jetzt viel bessere Frucht trägt als in späteren Tagen. Was ihr in das junge Herz sät, wird sehr wahrscheinlich darin bleiben, besonders das Böse wird nicht so schnell vergessen werden. Ihr macht bei dem Kind einen Anfang, also seid besonders vorsichtig, was ihr tut. Verzieht es nicht. Manches Kind ist so behandelt worden wie die indischen

Kinder, die Kupferplatten auf der Stirn haben, damit sie nie wachsen. Viele sind dadurch dumm geblieben, weil die, denen sie als Kinder anvertraut waren, ihnen wenig oder gar keine Gelegenheiten etwas zu lernen geboten hatten; und wenn sie älter geworden sind, fehlt den Vernachlässigten die Lust dazu.

Seid sorgfältig in eurem Unterricht, achtet genau darauf, was ihr lehrt. Werft Gift in die Quelle und es wird den ganzen Fluss verderben. Verdreht das junge Bäumchen und die alte Eiche wird schief werden. Seid vorsichtig! Wer überhaupt mit dem Unterricht spielt, spielt mit der Seele des Kindes, mit einer Seele, die er mit Gottes Hilfe zum ewigen Leben führen soll. Ich möchte euch eine ernste Mahnung in Bezug auf jedes Kind geben. Wenn es Mord ist einem Sterbenden Gift zu geben, so muss es ein viel größeres Verbrechen sein dem jugendlichen Leben Gift beizubringen. Wenn es schon schlimm ist einen Greis irrezuführen, so muss es noch viel schlimmer sein den Fuß des Jungen auf den Weg des Irrtums zu leiten, von dem sie vielleicht nie wieder zurückkehren.

Denkt zweitens auch daran, dass ihr die Kinder für Gott erzieht. „Kommt her, Kinder, hört mir zu; ich will euch die Furcht des Herrn lehren." Wenn ihr als Lehrer und Lehrerinnen die Kinder um euch sammelt um sie in der Geografie zu unterrichten, so würde es zumindest ihrem Seelenheil nicht schaden, wenn ihr ihnen beibringen würdet, der Nordpol sei dicht am Äquator oder die äußerste Grenze Südamerikas sei nahe an der europäischen Küste oder wenn ihr ihnen versichern würdet, dass England in der Mitte von Afrika liege. Aber ihr unterrichtet sie weder in Geografie noch in Astronomie, ihr erzieht sie auch nicht für ein geschäftliches Leben in dieser Welt, sondern ihr erzieht sie nach besten Kräften für Gott. Als ob ihr ihnen sagtet: „Kinder, ihr kommt her um das Wort Gottes zu lernen; ihr kommt her, damit wir wenn möglich das Mittel zu eurer Errettung werden." Achtet darauf was ihr sagt und tut, wenn ihr sie für Gott erziehen wollt. Ihr könnt schon mal die Hand des Kindes verletzen, aber verwundet nie sein Herz. Im Blick auf zeitliche Dinge sagt meinetwegen was ihr wollt, aber wenn es um geistliche Dinge geht, dann überlegt, was ihr sagt. Bringt ihnen die göttliche Wahrheit bei und nur diese. Wie ernst ist euer Werk angesichts dieser Verantwortung! Wer für sich selbst arbeitet, kann seine Arbeit tun, wie es ihm gefällt, aber wer für einen anderen arbeitet, muss sich bemühen seinen Meister zufrieden zu stellen. Wer von einem Fürsten angestellt ist, muss seine Pflicht sorgfältig erfüllen, aber wer für Gott arbeitet, sollte davor zittern, dass er das ihm anbefohlene Werk schlecht ausführt. Vergesst nicht, dass ihr im Dienste Gottes arbeitet. Ich befürchte, dass es vielen ganz fern liegt, die Aufgabe eines Sonntagsschullehrers so ernst zu nehmen.

Drittens, vergesst nicht, dass unsere Kinder die Belehrung unbedingt brauchen. Das steigert den Ernst eurer Aufgabe. Wenn die Kinder nicht so sehr auf die Belehrung angewiesen wären, wäre ich nicht so sehr darum besorgt, dass sie richtig unterrichtet werden. Aufgaben, die nicht unumgänglich notwendig sind, kann man tun, wie es einem beliebt – aber diese Aufgabe ist sehr notwendig! Das Kind braucht Belehrung. Es ist in Sünden empfangen und geboren. Es hat ein sündiges Herz, es kennt den Herrn nicht und wird Ihn nie erkennen, wenn es nicht zu Ihm geführt wird. Es ist nicht dem Boden gleich, von dem gesagt wird, dass in ihm ein guter Same verborgen liegt – o nein, es hat vielmehr bösen Samen im Herzen. Gott kann aber guten Samen darein fallen lassen. Ihr glaubt Werkzeuge in der Hand Gottes zu sein, die Er dazu benutzt diesen Samen in das Kinderherz zu streuen. Nun, dann vergesst nicht, dass, wenn ihr versäumt den Samen zu säen, es zum ewigen Verderben des Kindes führen könnte, dass sein Leben vielleicht ein Leben der Entfremdung von Gott und nach seinem Tod die ewige Strafe sein Los sein mag. Seid deshalb vorsichtig, wie ihr lehrt. Vergesst nicht die dringende Notwendigkeit der Sache. Es ist nicht wie ein brennendes Haus, das du löschen helfen kannst oder ein untergehendes Schiff, das um deine helfende Hand im Rettungsboot ruft – es ist vielmehr eine unsterbliche Seele, die laut ruft: „Komm, hilf mir!" Deshalb bitte ich euch, lehrt die Furcht des Herrn und nur das! Lass es dir ein ernstes Anliegen sein mit David zu sagen: „Ich will euch die Furcht des Herrn lehren!"

Die Einladung des Psalmisten

Es ist merkwürdig, dass fromme Leute nicht selten erst dann zur Erkenntnis ihrer Pflicht kommen, wenn sie in die demütigendste Lage versetzt worden sind. Nie in seinem Leben war David in größerer Bedrängnis gewesen als damals, als er diesen Psalm verfasste. Er trägt als Überschrift die Worte: „Von David, als er sich wahnsinnig stellte vor Abimelech und dieser ihn von sich trieb und er wegging." Dieser Psalm ging von diesem Ereignis aus und sollte als eine Erinnerung daran dienen. David wurde vor Achisch, den König von Gat, gebracht. Um ihm zu entkommen, verstellte er sich vor Achisch und seinen Leuten und begleitete seinen vorgetäuschten Wahnsinn mit sehr erniedrigenden Zeichen, die dazu dienen sollten ihn für wahnsinnig zu halten. Demzufolge wurde er aus dem Palast vertrieben und wie es gewöhnlich bei solchen Unglücklichen der Fall ist, so wird auch dieser vermeintliche Wahnsinnige draußen auf der Straße von einer Anzahl Kinder umgeben worden sein. Wir lesen diese traurige Geschichte in 1. Sam. 21,10–15. Wenn David in späterer Zeit Gottes Loblieder sang und sich dabei daran erinnerte, dass er den Kindern zum Gelächter gedient hatte, hat er wohl manchmal gedacht: „Ach, durch meine Dummheit vor den Kindern auf der Straße bin ich in der Achtung der mir folgenden Generationen gesunken, deshalb will ich versuchen das Unheil wieder gutzumachen!" – „Kommt her, Kinder, hört mir zu; ich will euch die Furcht des Herrn lehren."

Wäre David nicht in dieser Lage gewesen, so

hätte er vielleicht nie an diese Pflicht gedacht. Ich habe zumindest in keinem anderen Psalm das Wort gefunden: „Kommt her, ihr Kinder, hört mir zu, ich will euch die Furcht des Herrn lehren." Bei all seiner Sorge um seine Städte, seine Provinzen und um sein Volk hat er wahrscheinlich zu anderen Zeiten der Erziehung der Jugend wenig Aufmerksamkeit geschenkt. Aber hier, in die möglicherweise niedrigste Situation gebracht, in die ein Mann fallen kann, indem er wie einer ohne Verstand war, erinnerte er sich an seine Pflicht. Der hoch stehende Christ, dem alles gut gelingt, denkt nicht besonders viel an die „Lämmer". Dieses Pflichtgefühl beschränkt sich meistens auf solche, die wie Petrus durch Stolz und Selbstvertrauen gedemütigt worden sind und die sich deshalb freuen, die Frage des Herrn „Hast du mich lieb?" mit der Tat beantworten zu dürfen.

„Kommt her, Kinder, hört mir zu; ich will euch die Furcht des Herrn lehren." In dieser Aussage finden wir die Tatsache, dass Kinder fähig sind über die Furcht des Herrn belehrt zu werden.

Die Menschen sind gewöhnlich am weisesten, nachdem sie am dümmsten gewesen waren. David, der außerordentlich dumm gewesen war, wurde wirklich weise. Es war also nicht zu erwarten, dass er dumme Äußerungen tun oder Anweisungen geben würde, die einem schwachen Gemüt entsprungen waren. Wir haben manche behaupten hören, Kinder seien nicht fähig die großen Geheimnisse des Christentums zu verstehen. Ja, wir kennen Sonntagsschullehrer, die es vermeiden die großen christlichen Lehren zu erwähnen, weil sie meinen, Kinder könnten sie nicht aufnehmen. Leider hat sich dieser Irrtum auch auf die Kanzel geschlichen. Denn unter manchen Predigern herrscht die Ansicht, dass manche Lehre des Wortes Gottes, auch wenn sie wahr ist, dennoch nicht geeignet sei von der Kanzel gelehrt zu werden, da sie die Leute nur zu ihrem eigenen Verderben verwirren würde. Weg mit solchem Pfaffentrug! Was Gott geoffenbart hat, soll verkündigt werden. Ob ich auch nicht alles zu ergründen vermag – doch, was Er geoffenbart hat, will ich glauben und darüber predigen. Ich behaupte, dass es keine Lehre im Wort Gottes gibt, die ein Kind – wenn es überhaupt der Heilsannahme fähig ist – nicht aufnehmen kann. Meiner Überzeugung nach sollten Kinder ohne Ausnahme in alle Heilswahrheiten eingeführt werden, damit sie sich in späteren Jahren selbst an sie halten.

Ich kann es bezeugen, dass Kinder die Heilige Schrift verstehen können. Schon als Kind hätte ich bei manchen schwierigen theologischen Streitfragen mitsprechen können, nachdem ich gehört habe, wie in einem Freundeskreis meines Vaters die betreffende Frage von beiden Seiten durchgesprochen wurde. Überhaupt sind Kinder in ihrem jungen Lebensalter im Stande Dinge zu verstehen, die wir im späteren Alter nur noch schwer erfassen können. Die Einfachheit des kindlichen Glaubens ist sehr eng mit der höchsten Erkenntnis verwandt. Wer die Dinge einfältig wie ein Kind aufnimmt, hat oft Ideen, auf die ein Mann, der dazu geneigt ist aus allem einen klaren Vernunftsschluss zu ziehen, nie gekommen wäre. Wer wissen möchte, ob Kinder lernen können, den weise ich auf manche in unseren Gemeinden und Familien hin, auf solche wie Timotheus und Samuel, sowie auch auf kleine Mädchen, die die Liebe des Heilands schon früh erkannt und erfahren haben. Sobald ein Kind verloren gehen kann, kann es auch errettet werden. Sobald ein Kind sündigen kann, kann es mit Hilfe der göttlichen Gnade auch glauben und das Wort Gottes empfangen. Sobald Kinder Böses lernen können, könnt ihr euch sicher sein, dass sie durch den Heiligen Geist auch Gutes lernen können. Geht nie in eure Sonntagsschulgruppe mit dem Gedanken, dass die Kinder euch nicht verstehen könnten. Wenn ihr ihnen etwas nicht verständlich machen könnt, dann habt ihr es wahrscheinlich selbst nicht verstanden. Wenn ihr die Kinder nicht lehrt, was ihr ihnen gern beibringen möchtet, dann liegt es vielleicht daran, dass ihr selbst der Aufgabe nicht gewachsen seid. Ihr solltet euch bemühen einfache Worte zu gebrauchen, die ihren Fähigkeiten entsprechen und würdet bald herausfinden, dass der Fehler nicht auf der Seite des Kindes gelegen hat, wenn es nicht lernte, sondern auf der Seite des Lehrers oder der Lehrerin. Kinder sind fähig die Errettung und das Heil anzunehmen. Er, der in seiner göttlichen Souveränität den greisen Sünder von dem Irrtum seines Weges bekehrt, kann auch ein junges Kind von seinen jugendlichen Dummheiten bekehren. Er, der in der elften Stunde manche müßig am Markt stehen sieht und sie in seinen Weinberg sendet, kann am frühen Morgen andere rufen – und Er tut es – um für Ihn zu arbeiten. Er, der den Lauf eines Stromes ändern kann, wenn dieser breit geworden und zu einer mächtigen Flut herangewachsen ist, kann auch ein der Quelle entsprungenes neugeborenes Bächlein in den Kanal leiten, in dem Er es haben will. Ihm ist nichts unmöglich. Wenn es Ihm gefällt, kann Er auch auf die Herzen der Kinder wirken – stehen doch alle unter seiner Leitung.

Ich will mich nicht länger mit der Erklärung dieser Tatsache aufhalten, weil ich nicht annehme, dass jemand so dumm ist sie in Zweifel zu ziehen. Aber auch wenn ihr das nicht tut, so befürchte ich doch, dass nur wenige erwarten, dass Kinder sich bekehren. Im Allgemeinen habe ich in den Gemeinden eine Scheu vor Kindesfrömmigkeit entdeckt. Man hört nicht gerade gern von einem kleinen Jungen, der den Heiland liebt und wenn man von einem kleinen Mädchen hört, das dem Heiland nachfolgt, heißt es, das sei nur jugendliche Fantasie, etwas, was mit der Zeit absterben wird. Ich bitte euch, behandelt den Glauben eines Kindes nie mit solchem Misstrauen. Seid vorsichtig im Umgang mit dem jugendlichen Glauben, geht sehr zart mit ihm um. Glaubt, dass Kinder genauso bekehrt werden können wie ihr selbst – das ist meine feste Überzeugung. Wenn ihr ein junges Kind seht, das seinen Heiland gefunden hat, steht nicht hart, alles mit Misstrauen beobachtend, von ferne. Es mag manchmal besser sein sich täuschen zu lassen, als eins der Kleinen, das an seinen Heiland glaubt, abzustoßen. Möge Gott uns zu der festen Überzeugung führen, dass die kleinen Knospen der Gnade der zartesten, sorgfältigsten Pflege wert sind!

Ermutigung für Eltern und Lehrer

Als erste Ermutigung möchte ich euch ein gutes Vorbild zeigen. David sagte: „Kommt her, Kinder, hört mir zu; ich will euch die Furcht des Herrn lehren." Ihr werdet euch doch nicht schämen in die Fußstapfen Davids zu treten? Ihr werdet doch nichts dagegen einzuwenden haben dem Beispiel eines großen Mannes zu folgen, der sich nicht nur durch seine Frömmigkeit auszeichnete. Sollte der Hirtenjunge, der Riesentöter, der Psalmsänger Israels, der mächtige Fürst, Fußstapfen hinterlassen haben, in die hineinzutreten du zu stolz bist? O nein, ich bin überzeugt, dass du gerne David ähnlich sein möchtest. Wenn du aber ein noch viel höheres Vorbild suchst, so denke an den Sohn Davids und höre seine Worte: „Lasset die Kinder zu mir kommen und wehrt ihnen nicht, denn solcher ist das Reich Gottes." Es würde euch sicherlich ermutigen, wenn ihr mehr an diese Vorbilder denken würdet. Kinder unterrichten ist für euch keine entehrende Beschäftigung. Und wenn jemand sagt: „Du bist nur ein Sonntagsschullehrer oder eine Lehrerin", so seid ihr doch edle Persönlichkeiten, die ein ehrenvolles Amt ausüben und die angesehensten Vorgänger haben.

Es ist uns lieb, wenn auch solche, die in der menschlichen Gesellschaft eine höhere Stellung einnehmen, sich für Sonntagsschulen interessieren. In mancher unserer Gemeinden macht man sich des großen Fehlers schuldig die Kinder jüngeren Leuten zu überlassen, während ältere Glieder sehr wenig Notiz von den Kleinen nehmen. Ich sehne mich nach dem Tag, an dem die „Mächtigen Israels" zu diesem großen Kampf gegen den Feind ihre hilfreiche Hand ausstrecken werden. In den Vereinigten Staaten Amerikas haben sich Präsidenten, Richter, Kongressmitglieder und Leute aus den höchsten Ständen gefunden, die sich – ich sage nicht „herabgelassen" haben, denn ich verpöne diesen Ausdruck – selbst dadurch geehrt haben, dass sie als Helfer in den Sonntagsschulen tätig waren und noch sind. Wer eine Klasse in der Sonntagsschule unterrichtet, hat sich damit einen guten Grad erworben. Mir wäre der Titel „Sonntagsschullehrer" lieber, als der Doktortitel oder irgendein anderer Ehrentitel. Lasst euch das eine Ermutigung sein, ihr Lieben, dass eure Pflichten so ehrenvoll sind. Lasst das königliche Beispiel Davids, lasst das königliche Vorbild Jesu Christi euch zu neuem Fleiß und wachsendem Eifer, zu vertrauensvoller Ausdauer anspornen, damit ihr vorwärts gehen könnt in eurem gesegneten Werk und mit David sagen: „Kommt her, Kinder, hört mir zu; ich will euch die Furcht des Herrn lehren."

Die zweite Ermutigung ist die Aussicht auf großen Erfolg. David sagt: „Kommt her, Kinder, hört mir zu." Er fährt dann nicht etwa fort: „Vielleicht werde ich euch die Furcht des Herrn lehren." Und dürfen wir nicht von Erfolgen in der Sonntagsschule reden? Wenn ich davon reden wollte, würde ich kein Ende finden, deshalb will ich lieber gar nicht anfangen. Es könnten viele Bücher darüber geschrieben werden. Doch, wenn alles geschrieben wäre, würde man trotzdem meinen, die Welt würde nicht alle Bücher fassen, die zu schreiben wären. Droben, wo die himmlischen Heere unaufhörlich das Lob Gottes verkündigen, wo die weiß gekleideten Scharen dem Erlöser ihre Kronen zu Füßen legen, werden wir erst recht die Erfolge der Sonntagsschulen sehen. Dort, wo auch Millionen kleiner Kinder in seliger Freude singen und von dem Segen der Sonntagsschule zeugen. Und ist nicht fast jede Kanzel unseres Landes, sind nicht viele Diakone und gottesfürchtige Gemeindeglieder lebendige Zeugen von dem gesegneten Erfolg der Sonntagsschulen? Dazu in weiter Ferne jenseits des Ozeans, auf den Inseln des Südens, in Ländern, deren Bewohner sich vor hölzernen und steinernen Götzen beugen – dort sind Missionare, die durch die Sonntagsschulen zum Heiland geführt wurden und Tausende, die durch ihr Wirken zu dem lebendigen Gott bekehrt wurden, schließen sich dem mächtigen Strom der Unzähligen an, die als Erfolg des Sonntags-schulunterrichts zu bezeichnen sind. Fahrt deshalb unermüdlich mit eurem heiligen Dienst fort! Viel ist schon geschehen, es muss aber noch viel mehr getan werden. Lasst euch durch alle vergangenen Siege zu neuem Eifer entflammen. Lasst euch durch die Erinnerung an alle Siege, an alle für den Heiland auf dem Schlachtfeld erworbenen Trophäen zu eifrigerer, treuerer Pflichterfüllung treiben und ermutigen.

Kinder und die Heilige Schrift

Paulus lehrte den jungen Timotheus das Evangelium nicht nur dadurch, dass er ihn in der Lehre unterrichtete, sondern auch dadurch, dass er ihn auch ihre Wirkung, die Frucht sehen ließ. Wir können zwar die Wahrheit keinem aufdrängen, aber unseren Unterricht und dazu unser Leben und unseren Wandel können wir klar und entschieden gestalten. Wahrheit und ein Gott geheiligtes Leben sind die sichersten Gegengifte gegen Irrlehren und Ungerechtigkeit. Der Apostel ermahnt seinen Timotheus: „Du aber bleibe bei dem, was du gelernt hast und was dir anvertraut ist; du weißt ja, von wem du gelernt hast." (2. Tim. 3, 14)

Anschließend verweilt er bei einem anderen kräftigen Mittel, das dem jungen Prediger sehr nützlich war, nämlich darauf, dass er von Kind auf die Heilige Schrift kannte. Das war für den jungen Timotheus eins der besten Schutzmittel. Sein Unterricht in früher Kindheit hielt ihn wie einen Anker und bewahrte ihn vor dem schrecklichen Strom der Zeit. Glücklicher junger Mann, dem der Apostel schreiben konnte: „Weil du von Kind auf die Heilige Schrift kennst, kann diese dich zur Seligkeit unterweisen, durch den Glauben an Christus Jesus."

Um auf den herannahenden Kampf vorbereitet zu sein, haben wir nur das Evangelium zu predigen und es zu leben. Ebenso sollten wir uns bemühen die Kinder das Wort Gottes zu lehren. Auf Letzteres ist viel Gewicht zu legen. Es ist dumm, menschlicher Gelehrsamkeit mit menschlicher Gelehrsamkeit zu begegnen oder den Teufel mit dem Teufel austreiben zu wollen. Nein, erhöht vielmehr die eherne Schlange, wenn die Leute von feurigen Schlangen gebissen werden, damit die Gebissenen zu der ehernen Schlange aufblicken und leben. Richtet den Blick der Kleinen auf das von Gott gerichtete Heilsmittel – dort ist auf einen Blick das Leben zu haben. Leben gegen die vielfachen Schlangengifte, die jetzt das Blut der Menschen vergiften. Es gibt keine Kur für die Mitternacht außer der aufgehenden Sonne; es bleibt der finsteren Welt keine andere Hoffnung übrig als in dem Licht, das alle Menschen erleuchtet. Leuchte, o Sonne der Gerechtigkeit, dann müssen alle Nebel, alle Wolken, jede Finsternis verschwinden! Haltet euch an die Mittel und Wege der Apostel und seid euch apostolischer Erfolge sicher! Predigt Christus. Predigt Ihn zur Zeit und zur Unzeit und lehrt die Kinder. Eine von Gottes Hauptmethoden seine Felder vor Unkraut zu bewahren, ist die, sie früh mit Weizen zu besäen.

Bei Timotheus fing das Gnadenwerk in früher Jugend an. Er kannte die Heilige Schrift „von Kind auf". Achtet auf den Zeitpunkt des Unterweisens. Mit dem Ausdruck „von Kind auf" ist nicht etwa ein älteres Kind gemeint, sondern ein ganz junges Kind, das die erste Kindheit überschritten hat. Timotheus war von frühester Kindheit an in der Heiligen Schrift unterrichtet worden. Es soll uns damit ohne Zweifel gesagt werden, dass wir nicht zu früh damit anfangen können dem kindlichen Gemüt Schriftkenntnis beizubringen. Kleine Kinder, ja, Säuglinge, empfangen Eindrücke lange bevor man es merkt. Ein Säugling lernt in den ersten Monaten seines Lebens mehr, als man denkt. Er lernt bald seine Mutter zu lieben und zu fühlen, dass er von ihr abhängig ist. Wenn die Mutter weise ist, dann lernt das kleine Wesen bald die Bedeutung des Gehorsams und die Notwendigkeit der Unterwerfung seines Willens unter einen höheren. Das kann der Schlüssel zu seinem ganzen Leben werden. Wenn es früh lernt zu gehorchen und zu folgen, werden ihm tausend Tränen erspart bleiben – und erst recht seiner Mutter. Ein guter Boden geht verloren, wenn die allerfrüheste Kindheit nicht bearbeitet wird.

Kinder sollten anfangen die Heilige Schrift zu erlernen, sobald sie im Stande sind etwas zu verstehen. Es ist eine auffallende Tatsache, die mir verschiedene Lehrer bestätigt haben, dass Kinder eher aus der Bibel lernen als aus einem anderen Buch. Ich wüsste kaum zu sagen, woher das kommt, ich vermute den Grund dafür in der einfachen Sprache der Schrift. Eine biblische Tatsache fällt einem oft ein, wenn ein Ereignis aus der gewöhnlichen Geschichte längst vergessen ist. Die Bibel ist der Anpassung auf menschliche Wesen jedes Alters fähig und deshalb auch für Kinder geeignet. Es ist ein Irrtum, wenn man meint, man müsste bei Kindern mit etwas anderem anfangen und sie erst später in die Schrift einführen. Die Bibel ist das Buch der Morgenröte. Einige ihrer Teile gehen ja über das Verständnis des Kindes hinaus, sie sind schließlich sogar für die am weitesten Fortgeschrittenen zu hoch. Es gibt im Wort Gottes Tiefen, in denen ein Leviathan und Elefant durchschwimmen können, aber auch Bächlein, die ein Lamm durchwaten kann. Weise Lehrer verstehen es gut, die Kleinen auf grüne Auen und zu frischen Wassern zu führen.

Es ist mir aufgefallen, dass im Leben des Grafen von Chasterbury, eines Mannes Gottes, dessen Verlust vielen von uns schwer auf dem Herzen liegt, die ersten religiösen Eindrücke durch eine einfache Frau hervorgerufen wurden. Die ersten Eindrücke, die Chasterbury zu einem Mann Gottes und dem Freund der Menschen machten, erhielt er in der Kinderstunde. Der kleine Lord Ashley hatte eine gottesfürchtige Wärterin, die mit ihm über göttliche Dinge redete. Er sagte später, dass sie starb bevor er sieben Jahre alt war. Es ist damit klar erwiesen, dass sein junges Herz schon früh das Siegel des Heiligen Geistes empfangen hat und dass das Werkzeug dazu diese Wärterin gewesen ist. Sie war wirklich „gesegnet unter den Frauen", sie, deren Name uns nicht einmal bekannt ist, die durch den Unterricht, den sie ihrem kleinen Pflegekind gegeben hatte, für Gott und Menschen einen unberechenbaren Dienst geleistet hat. Merkt euch das, ihr jungen Erzieherinnen und Kindermädchen.

Die ersten sieben Jahre eines Kindes unter christlicher Leitung – dann würden wir durch Gottes Gnade später der Welt, dem Fleisch und dem Teufel, den Verderbern unsterblicher Seelen, widerstehen können. Diese ersten Jahre, in denen das Gemüt noch weich und biegsam ist, reichen weit, um die Form des Gefäßes zu entscheiden. Ihr, die ihr die Kleinen unterrichtet, sollt nicht sagen, euer Amt würde weit hinter dem eines Predigers zurückstehen. Nein, ihr steht vielmehr im Vordergrund; die durch euch bewirkten Eindrücke kommen zuerst und werden am längsten bleiben – mögen es doch gute und nur gute Eindrücke sein! Wenn ein Greis in Gedanken zurückschaut, ehe er in den Himmel geht, so sind die meisten seiner Gedanken auf die frühe Zeit seiner Kindheit gerichtet, als er noch auf dem Schoß der Mutter saß. Was den bekannten Dr. Guthrie in seiner Sterbestunde um ein Kinderlied bitten ließ, war nur ein menschlicher Naturtrieb, der uns veranlasst, das Lebensende mit seinem Anfang zu verbinden und so den Kreis zu schließen. Kindliche Dinge sind dem Alter am liebsten. Wir schütteln einen Teil der uns umgebenden störenden Geräusche ab um zu unserem natürlichen Wesen zurückzukehren, deshalb sind die alten Lieder auf unseren Lippen und die alten Gedanken in unserem Sinn. Die Lehren unserer Kindheit lassen eingeschnittene, scharfe Eindrücke im Gemüt zurück, die auch nach siebzig Jahren noch bleiben. Lasst uns also zusehen solche Eindrücke für die höchsten Ziele zu schaffen.

Die Auswahl der Unterrichtenden ist sehr bewundernswert. Wir wissen, wem der Junge Timotheus seine Unterweisung zu verdanken hatte, denn Paulus schreibt im ersten Kapitel dieses Briefes: „Denn ich erinnere mich an den ungefärbten Glauben in dir, der zuvor schon gewohnt hat in deiner Großmutter Lois und in deiner Mutter Eunike; ich bin aber gewiss, auch in dir." (V. 5) Ohne Zweifel haben Großmutter Lois und Mutter Eunike den Kleinen gemeinschaftlich unterrichtet. Wem anders obliegt diese Pflicht zuerst wenn nicht den Eltern! Der Vater von Timotheus war ein Grieche, wahrscheinlich ein Heide, doch dieses Kind war mit einer ehrwürdigen Großmutter, häufig die allerliebste Verwandte der Kleinen, gesegnet. Der Junge hatte darüber hinaus eine gottesfürchtige

Mutter, früher eine strenge Jüdin, später eine entschiedene gläubige Christin, deren große Freude es war ihr liebes Söhnchen täglich in dem Wort Gottes zu unterweisen. O, ihr Mütter, Gott hat euch eine sehr ernste, heilige Pflicht anvertraut! Es ist, als ob er in Wirklichkeit zu einer jeden von euch gesagt hätte: „Nimm dieses Kind, erziehe es für mich und ich will dir deinen Lohn geben!" Ihr seid berufen den künftigen Mann auszurüsten, damit er zu jedem guten Werk gründlich zugerüstet wird. Wenn Gott euch am Leben lässt, mag es euch später vielleicht vergönnt sein euren Jungen vor Tausenden predigen zu hören und ihr werdet das erhebende Bewusstsein haben, dass er durch eure Anleitung in der Kinderstube dazu gekommen ist seinen Gott und Heiland lieb zu haben und Ihm zu dienen.

Wer meint, eine Mutter, die durch ihre Kleinen ans Haus gefesselt ist, richte im Reich Gottes nichts aus, denkt genau das Gegenteil von dem, was wirklich wahr ist. Die gottesfürchtige Mutter kann kaum das Haus verlassen und zum Gotteshaus kommen, meint deshalb aber nicht, dass sie für die Gemeindearbeit verloren sei. Das ist sie wirklich nicht, sondern sie tut den bestmöglichen Dienst für ihren Herrn. Ihr Mütter, die christliche Erziehung eurer Kinder ist eure erste und dringendste Pflicht. Christliche Frauen, die Kinder in der Heiligen Schrift unterrichten, erfüllen ebenso gut ihren Teil im Werk des Herrn wie Mose als Führer des Volkes Israel oder Salomo beim Bau des Tempels.

Der fromme Hofmeister eines gottlosen Königs

Wie mir scheint ist Obadja von Elia nicht sehr hoch angesehen worden. Statt ihn mit irgendwelcher Ehrerbietung anzureden, redet er ihn schärfer an, als man es von einem Mitgläubigen hätte erwarten können. Elia war ein Mann der Tat, unerschrocken und kühn, ging stets voran ohne etwas zu verbergen. Obadja dagegen war ein stiller Gläubiger, echt und fest, aber in einer äußerst schwierigen Stellung, die ihn dazu trieb seine Pflicht in einer weniger offenen Weise zu tun. Sein Glaube an den Herrn regierte sein Leben, trieb ihn aber nicht vom Hofe Ahabs weg. Sogar nach dem kurzen Gespräch mit ihm, bei dem er ihn etwas kennen gelernt hatte, spricht Elia über das Volk Gottes so, als ob er nicht viel von Obadja und seinesgleichen halten würde. Er sagt: „... Israel hat Deinen Bund verlassen und Deine Altäre zerbrochen und Deine Propheten mit dem Schwert getötet und ich bin allein übrig geblieben und sie trachten danach, dass sie mir mein Leben nehmen." (1. Kön. 19,10) Er wusste doch ganz gut, dass Obadja übrig geblieben war, wenn auch kein Prophet so doch ein Mann von Bedeutung. Trotzdem ignoriert er ihn ganz, so, als ob er in dem großen Kampf wenig zu bedeuten hätte. Ich vermute, das kam daher, dass Elia, der Mann aus Eisen, dieser Prophet von Feuer und Donner, dieser mächtige Diener des Höchsten, nur wenig Vertrauen auf solche setzte, die sich nicht in den Vordergrund stellten und kämpften wie er selbst. Mutige, eifrige Männer sind leicht dazu geneigt den Wert der ruhigen, eher zurückhaltenden Gottesfurcht zu unterschätzen. Die kleineren

Sterne verlieren sich in dem Glanz des Mannes, den Gott wie eine Sonne entzündet um in der Finsternis zu leuchten. Elia blitzte über den Himmel Israels wie ein Blitzstrahl aus der Hand des Ewigen – kein Wunder deshalb, dass er ziemlich ungeduldig war gegenüber denen, deren Bewegungen langsamer und weniger sichtbar waren. Ist es nicht im gewissen Sinne wie bei Martha und Maria?

Es ist allerdings dem Herrn nicht wohlgefällig, dass seine Diener, wie groß sie auch sein mögen, gering über ihre weniger begabten Mitarbeiter denken. Meiner Ansicht nach richtete Er es so ein, dass Obadja in den Augen Elias steigen musste, als dieser dem zornerfüllten König Ahab begegnete. Dem Propheten war befohlen worden sich Ahab zu zeigen. Er hält es aber für angebrachter damit anzufangen, sich dem Hofmeister des Königs zu zeigen, damit dieser ihn bei seinem Herrn anmeldet und den Besuch vorbereitet. Ahab, der durch die Folgen der langen Dürre erbittert war, hätte in seiner Wut plötzlich einen Versuch machen können den Propheten zu töten; so aber hat er Zeit sich zu besinnen und ein wenig abzukühlen.

Elia führt ein kurzes Gespräch mit Obadja, nachdem er ihm den Auftrag gibt: „Geh hin, sage deinem Herrn: Siehe, Elia ist hier." Es mag vielleicht der Weg zum Ziel sein einen kleinen Umweg zu machen. Ist es aber nicht merkwürdig, dass Obadja sich dem nützlich machen sollte, der so viel höher stand als er? Elia aber, der sich nie vor einem König gefürchtet hatte, brauchte trotzdem eine viel schüchternere Persönlichkeit als Helfer.

Wir lernen aus dieser Erzählung weiter, dass Gott

es in dieser Welt nie an Zeugen für Ihn fehlen lassen wird, nicht einmal an den schlimmsten Orten. Was für ein schrecklicher Aufenthalt mag der Hof Ahabs für einen Gläubigen gewesen sein! Und wäre außer der gottlosen Isebel auch sonst kein einziger Sünder dort gewesen, so hätte sie allein schon genügt den Palast zu einem Sündenpfuhl zu machen. Diese stolze sidonische Königin mit ihrem festen, männlichen Sinn wickelte den schwachen, jämmerlichen Ahab nach ihrem Belieben um den Finger. Er wäre vielleicht nie ein solcher Verfolger geworden, wenn er sich nicht durch seine Frau hätte aufhetzen lassen. Sie war mit bitterem Hass gegen den Dienst Jahwes erfüllt und verachtete die einfache Art Israels. Ahab musste sich unter ihr Zepter beugen, denn sie duldete keinen Widerspruch. Wenn ihr stolzer Sinn gereizt war, verachtete sie jeden Widerstand. Und doch, an diesem Hof, an dem eine Isebel das Regiment führte, war der Hofmeister ein Mann, der Gott sehr fürchtete. Man braucht sich also nicht zu wundern Gläubige anzutreffen, ganz gleich, wo es ist. Es kann auch dort Tugend geben, wo man nicht erwarten würde, dass sie sich auch nur eine Stunde lang halten könnte.

Josef fürchtete Gott am Hofe des Pharaos; Daniel war ein vertrauter Ratgeber Nebukadnezars und des Königs Darius; Mordechai hütete das Tor des Königs Ahasveros; die Frau des Pilatus, Portia, legte für den gefangenen Heiland Fürsprache ein. Es gab sogar gläubige Christen in dem Haus des römischen Kaisers. Wer hätte erwarten können Diamanten der schönsten Art in einem Dunghaufen wie Neros Palast zu finden! Diejenigen in Rom, die Gott fürchteten, waren nicht nur Christen, sondern auch durch ihre brüderliche Liebe und Freigebigkeit ein Beispiel für alle übrigen Christen. Es gibt sicherlich keinen Ort in unserem Land, in dem nicht wenigstens etwas Licht ist; auch die finsterste Sündenhöhle hat ihre Fackel. Im Palast eines Ahabs und einer Isebel ist ein Obadja, dessen Freude es ist mit den verachteten und verfolgten Propheten Gottes Gemeinschaft zu pflegen, die Abendgesellschaften des Palastes mit den Versteckplätzen der verfolgten Diener Gottes zu vertauschen.

Und ist es nicht bemerkenswert, dass diese Zeugen Gottes sehr häufig solche Menschen sind, die in der Jugend bekehrt wurden? Es scheint dem Herrn eine besondere Freude zu sein am Tag der Schlacht gerade solche zu seinen Fahnenträgern zu machen. Seht auf Samuel! Als ganz Israel mit Abscheu der Gottlosigkeit der Söhne Elis zusah, diente das Kind Samuel vor dem Herrn. Seht auf David! Während er noch ein Hirtenjunge war, ließ er die einsamen Hügel von seinen Psalmen und Harfentönen widerhallen. Seht Josia! Als Israel abtrünnig geworden war, war es ein Kind namens Josia, das die Altäre Baals zerbrach und die Knochen der Götzenpriester verbrannte. Daniel war erst ein Junge, als er für die Reinheit und für seinen Gott auftrat. Der Herr hat heute – ich weiß nicht wo – irgendeinen kleinen Luther auf dem Schoß seiner Mutter, irgendeinen kleinen Calvin unter unseren Sonntagsschülern, irgendeinen jungen Zwingli, der seinem Heiland Loblieder singt. Unser Zeitalter wird, wie es scheint, immer schlimmer, viele Zeichen deuten darauf hin, aber gerade dafür bereitet sich der Herr. Die Tage sind finster und verhängnisvoll und diese Abendzeit mag vielleicht zu einer schwärzeren Nacht führen, als je zuvor eine dagewesen ist – aber die Sache Gottes ist in Gottes Händen sicher. Sein Werk wird nicht stillstehen wegen Mangel an Arbeitern. Strecke nicht wie Usa (2. Sam. 6,6) die Hand aus um die Lade Gottes zu halten, sie wird auf dem von Gott verordneten Weg sicher gehen. Mögen die Arbeiter Gottes auch begraben werden – sein Werk bleibt. Wenn in einem Palast kein König ist, der Gott ehrt, so wird ein Hofmeister darin gefunden werden, der wie Obadja den Herrn von seiner Jugend an fürchtet (1. Kön. 18,22), der die Propheten des Herrn versorgt und sie versteckt bis bessere Tage kommen.

Seid deshalb guten Mutes und schaut nach besseren Zeiten aus. Nichts, was wirklich wertvoll ist, ist in Gefahr, solange Gott auf dem Thron ist. Die Reserven des Herrn rücken heran und ihre Trommeln verkündigen Sieg.

Obadjas frühe Gottesfurcht

Der Hofmeister Obadja war im Besitz früher Gottesfurcht. „Dein Knecht fürchtet den Herrn von seiner Jugend auf", sagte er von sich selbst. Oh, dass unsere ganze Jugend, alle, die zu Männern und Frauen heranwachsen, dasselbe sagen könnten! Gesegnet, glücklich ist, wer das von Herzen kann!

Wie Obadja dazu gekommen ist den Herrn von Jugend auf zu fürchten, wird uns nicht erzählt. Der Lehrer, durch den er zum Glauben an Jahwe kam, wird nicht mit Namen genannt. Wir dürfen aber mit Recht vermuten, dass er gottesfürchtige Eltern hatte. Wie vage diese Vermutung auch sein mag, so halte ich es doch für ziemlich sicher, dass es so ist, wenn ich an seinen Namen denke. Dieser Name, der ihm bestimmt von seinem Vater gegeben worden war, bedeutet: „Des Herrn Diener." Sollte das nicht Grund genug sein auf gottesfürchtige Eltern schließen zu können? In den Tagen, in denen überall Verfolgung gegen die Gläubigen wütete, als der Name Jahwes verachtet war, weil überall die Kälber Bethels und die Baalsbilder aufgerichtet waren, würden ungläubige Eltern ihrem Sohn wohl kaum den Namen „Diener des Herrn" gegeben haben. Hätten nicht sie selbst Jahwe geehrt, sie hätten es bestimmt nicht getan. Sie würden nicht leichtfertig den Spott der götzendienerischen Nachbarn und die Feindschaft der Großen herausgefordert haben. In einer Zeit, in der Namen eine Bedeutung hatten, hätten sie es vielmehr vorgezogen, ihren Jungen „das Kind Baals" oder ähnlich zu nennen. In der Wahl des Namens Obadja sehe ich den ernsten Wunsch der Eltern, dass ihr Junge als Diener Jahwes aufwachsen und nie vor den abscheulichen Götzen der sidonischen Königin die Knie beugen sollte. Nun, mag es in Wirklichkeit so sein oder nicht, eins ist ganz sicher, dass Tausende intelligente Gläubige ihre erste Ausrichtung zur Gottseligkeit liebevollen häuslichen Beziehungen zu verdanken haben. So manche von uns hätten wohl einen Namen wie Obadja tragen können! Haben doch gläubige Eltern schon früh angefangen uns, ihre Kinder, dem Herrn zu übergeben. Sie beteten für uns, ehe wir selbst etwas davon wussten. Manche stille Träne mag auf unsere Stirn gefallen, manches Gebet für uns emporgestiegen sein! Wir wurden in Gebetsluft gehegt und gepflegt und später angeleitet treue Diener Gottes zu werden, den Heiland zu suchen und Ihm das Herz zu geben.

Hätte Obadja keine gottesfürchtigen Eltern gehabt, so wüsste man kaum, wie er den Herrn von Jugend auf hätte fürchten lernen können. Er müsste zumindest einen gottesfürchtigen Lehrer oder eine liebende Erzieherin gehabt haben. Vielleicht hätte auch ein guter Nachbar gewagt, kleine Kinder um sich zu sammeln und sie mit dem Gott Israels bekannt zu machen. Oder irgendeine gottesfürchtige Frau hat vielleicht dem Jungen das Gesetz des Herrn eingeprägt, noch bevor die Baalspriester das junge Gemüt vergiften konnten. Das sind aber nur Vermutungen. In der Heiligen Schrift wird kein Einziger erwähnt, der in Verbindung mit Obadjas Bekehrung stand. Das ist aber auch nicht die Hauptsache. Ein echter Diener Gottes möchte nicht, dass sein Name genannt und er gelobt wird.

Die frühe Gottesfurcht Obadjas zeichnet sich durch besondere Merkmale der Echtheit aus. Es ist sehr lehrreich, wenn er sie mit den Worten beschreibt: „Dein Knecht fürchtet den Herrn von seiner Jugend auf." Ich kann mich kaum an eine Gelegenheit erinnern, bei der in einem gewöhnlichen Gespräch der Glaube eines Kindes auf diese Weise beschrieben wurde. Wir pflegen zu sagen: „Das Kind liebte Gott, es hatte seinen Heiland so lieb." Wir sprechen darüber, dass es „so glücklich geworden ist" usw. Ich möchte keineswegs die Richtigkeit dieser Ausdrücke in Frage stellen. In der Bibel wird aber „die Furcht des Herrn" als „der Weisheit Anfang" bezeichnet (Ps. 111,10). David sagt: „Kommt her, Kinder, hört mir zu; ich will euch die Furcht des Herrn lehren." Kinder werden durch den Glauben an Jesus Christus zu großer Freude gelangen, wenn diese Freude aber echt ist, ist sie voll heiliger Ehrfurcht und Furcht des Herrn.

Es wäre wohl überflüssig die Vorteile jugendlicher Gottesfurcht weiter auszuführen. Ich möchte sie in einigen kurzen Worten zusammenfassen. In früher Jugend dem Herrn anzugehören, bewahrt vor tausendfacher Reue. Ein solcher Mensch wird nie zu dem Geständnis gezwungen sein, dass er die Folgen seiner Jugendsünden mit sich herumtragen muss. Frühe Gottesfurcht hilft uns für unser folgendes Leben Bekanntschaften zu machen, die sich als segensreich erweisen; andererseits bewahrt sie uns vor schädlichem Umgang. Ein christlicher junger Mann wird sein Gewissen nicht mit gewöhnlichen Sünden seiner Altersgenossen beflecken. Er wird voraussichtlich eine gleichgesinnte junge Frau heiraten und somit eine gottesfürchige Gefährtin auf dem Weg zum Himmel haben. Seine Freunde werden seine Bekannten in der Kirche sein, nicht die im Wirtshaus; Helfer zum Guten, nicht Versucher zum Laster. Verlasst euch darauf, für das spätere Leben hängt viel davon ab, mit wem man in der Jugend umgeht. Wer in schlechte Gesellschaft geraten ist, dem wird es schwer fallen mit ihr zu brechen. Wer früh zu Christus gebracht worden ist, hat auch den Vorteil, dass er früh an gottesfürchtige Sitten gewöhnt wird und vor dem Gegenteil bewahrt bleibt. Gewohnheiten werden bald zur zweiten Natur; sich eine neue anzueignen ist eine schwere Aufgabe, während die Gewohnheiten der Jugend bis ins Alter bleiben.

Es ist außerdem auffallend, dass sehr häufig die, die früh zum Heiland kommen, leichter und schneller in der Gnade wachsen als andere. Sie haben nicht so viel, was abgewöhnt und verlernt werden muss, müssen sich auch nicht mit einem schweren Gewicht alter Erinnerungen herumschleppen. Die Narben und blutenden Wunden, die von den im Dienst des Teufels vergeudeten Jahren häufig zurückbleiben, bleiben denen erspart, die der Herr zu sich und in seine Gemeinde bringt, ehe sie weit in die Welt abgeirrt sind.

Den segensreichen Einfluss früher Gottesfurcht auf andere kann man kaum hoch genug rühmen. Wie anziehend ist sie! Gottesfurcht sieht bei der Jugend am schönsten aus. Was bei einem Erwachsenen nicht auffallen würde, fällt auch dem gleichgültigsten Beobachter gleich auf, wenn er es an einem Kind bemerkt. Die Gottesfurcht eines Kindes hat eine überzeugende Macht; sogar der Gottesleugner streckt die

Waffe und staunt. Ein von einem Kind gesprochenes gutes Wort bleibt im Gedächtnis, seine unkomplizierten Äußerungen rühren das Herz. Wo das Wort des Predigers sein Ziel verfehlt, kann das Gebet den Sieg erlangen. Gottesfurcht bei Kindern ermutigt nicht selten Personen im reiferen Lebensalter. Mancher sagt vielleicht zu sich selbst, wenn er die lieben Kleinen so fröhlich in ihrem Heiland sieht: „Weshalb sollte nicht auch ich den Herrn finden?" Durch eine gewisse geheime Macht öffnet die Gottesfurcht des Kindes verschlossene Türen und dreht den Schlüssel in dem Schloss des Unglaubens. Wo nichts im Stande war einen Weg für die Wahrheit zu gewinnen, hat die Liebe eines Kindes es fertig gebracht. Es ist immer noch wahr: „Aus dem Munde der jungen Kinder und Säuglinge hast Du eine Macht zugerichtet um Deiner Feinde willen, dass Du vertilgest den Feind und den Rachgierigen." (Ps. 8,3)

Obadja und Elia

Jugendliche Gottesfurcht führt zu ausdauernder Gottesfurcht. Obadja konnte sagen: „Dein Knecht fürchtet den Herrn von seiner Jugend auf." Die Zeit hatte ihn nicht geändert; wie alt er auch gewesen sein mag, seine Gottesfurcht hatte nicht abgenommen. Für jeden Menschen hat das Neue einen Reiz. Nicht selten gerät jemand auf Abwege um sozusagen einer Abwechslung willen. Das Schwerste ist nicht auf dem Scheiterhaufen schnell einen qualvollen Märtyrertod zu sterben, über kleinem Feuer langsam gebraten zu werden, ist eine viel schrecklichere Probe der Festigkeit. Inmitten eines versuchungsreichen langen Lebens gottesfürchtig zu bleiben, heißt wirklich gottesfürchtig zu sein. Dass durch die Gnade Gottes ein Mann bekehrt wird, der voller Drohungen gegen die Gemeinde Gottes ist, ist schon ein großes Wunder, aber das ein Gläubiger zehn, zwanzig, dreißig, vierzig, fünfzig Jahre lang durch die Gnade Gottes als solcher bewahrt bleibt, ist nicht weniger ein Wunder, das mehr gepriesen werden sollte, als es gewöhnlich geschieht. Obadja war durch den Lauf der Zeit nicht beeinflusst, sondern wurde im Alter so vorgefunden, wie er in seiner Jugend gewesen ist.

Er ließ sich nicht durch die Sitten seiner bösen Zeit irreführen. Ein Diener Jahwes zu sein wurde für etwas Primitives, Altmodisches, Dummes gehalten, der Baalsdienst war der moderne Gedanke der Zeit. Der ganze Hof hing dem Gott Sidons an, alle Hofdiener gingen denselben Weg. Trotzdem konnte Obadja sagen: „Dein Knecht fürchtet den Herrn von seiner

Jugend auf." Gesegnet ist der Mann, der sich nicht um die Weise der Welt kümmert – sie vergeht! Wenn es eine Zeit lang Mode ist, dass sie dem Bösen zueilt – was hat der Gläubige anderes zu tun als beständig bei dem Richtigen zu bleiben. Obadja wurde nicht einmal durch den Verlust jeglicher Unterstützung bewegt. Die Priester und Leviten hatten die Flucht nach Juda genommen, die Propheten waren getötet oder versteckt, in ganz Israel gab es keinen öffentlichen Gottesdienst. Der Tempel war weit entfernt in Jerusalem; Obadja hatte also keine Gelegenheit etwas zu hören, was ihn hätte stärken können – doch er blieb auf seinem Weg.

Dazu kamen noch die Schwierigkeiten seiner Stellung. Er war Hofmeister im königlichen Palast. Hätte er versucht Isebel zu gefallen und hätte den Baal angebetet, wäre ihm sein Amt wahrscheinlich viel leichter gewesen, die Königin würde ihn unter ihren Schutz genommen haben. Aber er blieb, was er war: Hofmeister in Ahabs Palast und doch gottesfürchtig. Er muss sicherlich äußerst vorsichtig gehandelt und auf jedes Wort geachtet haben. Kein Wunder also, dass er ein vorsichtiger Mann geworden war und sich ein wenig fürchtete, als Elia ihm einen Auftrag gab, der leicht sein Verderben hätte herbeiführen können. Ja, er war wahrscheinlich außerordentlich vorsichtig geworden und sah die Dinge um sich her so an, dass sie weder seinem Gewissen Unruhe bereiten, noch seine Stellung in Gefahr bringen konnten. Dazu ist ungewöhnliche Weisheit erforderlich und wer sie hat, ist zu empfehlen. Obadja gab weder seine Stellung noch seinen Glauben auf. Hätte man ihn zwingen wollen Unrecht zu tun, wäre er wahrscheinlich wie die Priester und Leviten gleich nach Juda geflohen, wo der Dienst Jahwes noch bestand. Doch nun, überzeugt, dass er, ohne sich dem Götzendienst zuzuneigen, in seiner hervorragenden Stellung etwas für Gott und die bedrängten Propheten tun könnte, entschloss er sich zu bleiben und den Kampf auszufechten. Wenn keine Hoffnung auf Sieg vorhanden ist, darf einer sich schließlich wohl zurückziehen; der ist aber ein mutiger Mann, der es nicht hört, wenn die Trompete zum Rückzug bläst, der kein Auge hat für das Signal mit dem Schießen aufzuhören, sondern der nach allen Seiten hin seine Stellung behauptet und dem Feind allen möglichen Schaden verursacht. Obadja war ein Mann der „die Festung hielt". Fühlte er doch, dass nun, da das Leben aller Propheten von Isebel bedroht wurde, es an ihm lag, in der Nähe der Tigerin zu bleiben und das Leben von wenigstens hundert Dienern Gottes ihrer grausamen Macht zu entreißen. Wenn er nicht mehr hätte tun können, so hätte er doch nicht umsonst gelebt, da er schon viel ausgerichtet hatte. Ich bewundere den Mann dessen Entschiedenheit seiner Vorsicht gleichstand, obwohl ich mich sehr fürchten würde einen so gefährlichen Platz einzunehmen. Sein Lebenslauf ähnelte dem Lauf eines Seiltänzers. Ich möchte weder selbst einen solchen Versuch machen, noch jemand zu einem so schwierigen Unternehmen veranlassen. Elias Rolle ist eine viel sicherere und großartigere. Dem Propheten war sein Weg klar und einfach genug vorgeschrieben: Er sollte Ahab nicht gefallen, sondern ihm Vorwürfe machen; er brauchte nicht vorsichtig zu handeln, sondern musste in kühner direkter Weise für den Gott Israels auftreten. Wie hoch ist er anscheinend über Obadja erhaben, wenn wir uns beide in der vor uns liegenden Szene ansehen! Obadja fällt vor Elia nieder und nennt ihn „mein Herr Elia!" Mit vollem Recht, denn Elia war weit über ihm erhaben. Ich muss mich allerdings hüten, nicht selbst moralisch in das Kielwasser Elias zu geraten, damit ich mich nicht mit einem scharfen Ruck hinunterziehen müsste. – Es war großartig, dass Obadja im Stande war Ahabs Haushalt mit einer Isebel darin vorzustehen und dennoch das Zeugnis des Geistes Gottes zu haben, dass er den Herrn sehr fürchtete.

Er blieb in der Furcht des Herrn ungeachtet seiner hohen Stellung im Leben und ich denke, das spricht sehr für ihn. Nichts ist gefährlicher für einen Menschen, als wenn es ihm gelingt zu Reichtum und Ansehen in der Welt zu kommen. Natürlich strebt jeder danach weiter zu kommen, aber so mancher hat durch den Gewinn irdischer Güter in Bezug auf geistliches Gut alles verloren. Da ist einer, der früher das Volk Gottes liebte, jetzt sagt er: „Diese Leute sind rohe, ungehobelte Menschen." Solange er nur das Evangelium in seiner Kirche oder Kapelle predigen hörte, war ihm die Architektur gleichgültig – jetzt ist er fein geworden und muss eine Kirche mit einem Turm und aufwendiger Bauweise haben. Seit er die Tasche gefüllt hat, hat er leider den Kopf und noch mehr das Herz geleert. Im gleichen Verhältnis wie er in seiner äußeren Stellung emporgekommen ist, hat er sich von der Wahrheit und von besseren Grundsätzen abgewandt. Das ist ein schlechtes Geschäft, dass er früher als Erster verdammt hätte. In diesem Verhalten ist keine Spur von Ritterlichkeit, es ist vielmehr widerlich. Gott wolle uns davor bewahren, denn viele sind ihm verfallen und haben sich nicht bewahren lassen. Ihr Glaube ist für sie nicht eine Sache der Überzeugung, sondern des Interesses; nicht das Suchen nach Wahrheit, sondern ein Jagen nach Gesellschaft; es ist nicht ihr Trachten Gott zu verherrlichen, sondern für ihre Töchter reiche Männer zu gewinnen; sie lassen sich nicht durch das Gewissen leiten, sondern durch die Hoffnung Herrn Soundso einladen zu können. Glaubt nicht, dass ich sarkastisch bin, ich rede vielmehr mit nüchterner Traurigkeit über Dinge, deren man sich schämt. Persönlich komme ich ja nicht mit solchen in Berührung, hörte aber leider oft genug von derartigen Zuständen. Unser Zeitalter ist eine Zeit, in der sich die Gemeinheit unter dem Ansehen versteckt. Gott wolle uns Männer senden aus Stahl und Eisen wie Elia oder wenn diese sich als zu steif und zu streng erweisen, würden wir uns auch gern mit Männern wie Obadja begnügen. Letztere wären vielleicht nicht so leicht zu erreichen wie ein Elia, aber bei Gott sind ja alle Dinge möglich.

Obadja mit seiner frühen Gottesfurcht und ausdauernder Entschiedenheit wurde ein Mann mit hervorragender Gottesfurcht. Das ist umso merkwürdiger, wenn wir daran denken, was er war und wo er war. Ausgezeichnete Gottesfurcht bei einem Hofmeister an Ahabs Hof? Das ist wirklich ein Wunder der Gnade. Der Glaube dieses Mannes war kräftig. Auch wenn er ihn nicht öffentlich zeigte wie Elia – er war nicht zu einem solchen Amt berufen. Aber sein

Glaube wohnte in seiner tiefsten Seele und war anderen nicht unbekannt. Ohne Zweifel wusste das auch Isebel. Sie mochte den Hofmeister zwar nicht, musste ihn aber dulden; sie mag ihn wohl von der Seite angesehen haben, konnte ihn aber nicht loswerden. Ahab hatte gelernt ihm zu vertrauen und konnte ohne ihn nicht auskommen, wahrscheinlich weil Obadja den schwachen König wenigstens mit etwas Mut beseelte. Wie es scheint, hat Ahab gerade deshalb den von der Isebel Verhassten behalten, um ihr zu zeigen, dass er seinen Willen durchsetzen konnte, wenn er es wollte.

Was die Ursache davon auch sein mag, es fällt auf, im Mittelpunkt der Empörung gegen Gott einen Mann zu finden, der den Herrn sehr fürchtete. So schrecklich es ist, unter den zwölf Aposteln einen Judas zu finden, so großartig ist es, unter den Dienern Ahabs einen Obadja zu entdecken. Welche Gnade muss tätig gewesen sein um inmitten dieses Feuers, inmitten der abscheulichen Lasterhaftigkeit solche Göttlichkeit zu erhalten!

Obadjas frühe Gottesfurcht wurde ihm in seinem späteren Leben zu einer tröstenden Gottseligkeit. Als er meinte, Elia wolle ihn einer großen Gefahr preisgeben, berief er sich auf seinen langen Dienst für Gott, indem er sagte: „Dein Knecht fürchtet den Herrn von seiner Jugend auf", ähnlich wie David, der, als er alt wurde, betete: „Gott, Du hast mich von Jugend auf gelehrt und noch jetzt verkündige ich Deine Wunder. Auch im Alter, Gott, verlass mich nicht und wenn ich grau werde [...]." (Ps. 71,17.18) Es ist ein großer Trost für alte Leute, wenn sie auf ein im Dienst Gottes zugebrachtes Leben zurückblicken können. Sie setzen nicht ihr Vertrauen darauf, halten es nicht für einen Verdienst, sondern preisen Gott dafür. Ein Diener, der von Jugend auf seinem Meister gedient hat, sollte nicht verstoßen werden, wenn er grau wird. Ein gut gesinnter Meister achtet den, der ihm lange und gut gedient hat. Angenommen, ihr hättet in eurem Haus eine alte Erzieherin, die euch gepflegt und eure Kinder groß gezogen hätte, würdet ihr sie auf die Straße setzen, wenn sie nicht mehr arbeiten kann? O nein, ihr werdet im Gegenteil euer Möglichstes für sie tun, werdet sorgen, dass sie nicht ins Armenhaus kommt. Nun, der Herr unser Gott ist ja unendlich viel gütiger und freundlicher als wir und wird nie seine alten Diener verstoßen.

Abias „etwas Gutes" (1. Kön. 14,13)

Der König Jerobeam hatte sich dem Herrn untreu erwiesen, der ihn auf den Thron Israels erhoben hatte. Die Zeit seines Sturzes rückte heran. Der Herr, der gewöhnlich erst die Rute erhebt, bevor Er mit der Axt kommt, sandte Krankheit in sein Haus: sein Sohn Abia wurde ernsthaft krank. Da erinnerten sich die Eltern an einen alten Propheten Gottes, namens Ahia und wünschten durch ihn zu erfahren, was mit dem Kind geschehen würde. Aus der Angst heraus, der Prophet könnte Plagen auf ihn und sein Kind herabrufen, wenn er wüsste, dass diejenige, die sich bei ihm erkundigte, die Frau Jerobeams ist, bat der König eine ägyptische Prinzessin, die er geheiratet hatte, sich als eine Bauersfrau zu verstellen um eine günstigere Antwort von dem Mann Gottes zu erzielen. Dummer König! Als ob ein Prophet, der in die Zukunft schauen konnte, nicht auch die Verkleidung und Verstellung dieser Königin durchschauen könnte! Die Mutter war so sehr um das Los ihres Kindes besorgt, dass sie wirklich das Krankenzimmer verließ und in der genannten Weise nach Silo ging um den Ausspruch des Propheten zu hören. Wie vergeblich war ihr Täuschungsversuch! Der Prophet, wenn auch blind, war dennoch ein Seher und erkannte nicht nur die königliche Mutter noch bevor sie in seine Wohnung trat, sondern sah auch die Zukunft der Ihren voraus. Sie kam voller Aberglauben, sozusagen um sich wahrsagen zu lassen, ging aber, nachdem ihr ihre und die Sünden ihrer Familie und das traurige Ende derselben vorgehalten worden waren, schweren Herzens wieder heim.

Die schrecklichen Nachrichten, die der Prophet Ahia der Frau Jerobeams mitteilte, enthielten nur einen Lichtblick, nur ein linderndes Wort. Ich fürchte allerdings sehr, dass es der heidnischen Königin keinen Trost gab. Ihr Kind war gnädiglich bestimmt zu sterben, weil „etwas Gutes an ihm erfunden war vor dem Herrn, dem Gott Israels."

Wir wollen jetzt einen Blick in das Wenige wagen, was wir von dem kleinen Prinzen Abia wissen. Er hatte einen passenden Namen. Ein schlechter Mensch kann zwar auch einen schönen Namen tragen, bei Abia jedoch entsprach sein Name seinem Sinn. Abia heißt: Jahwe ist sein Vater. So war es auch in Wirklichkeit. Ich hätte seinen Namen nicht weiter erwähnt, wenn er sich nicht in seinem Leben bewahrheitet hätte. O, ihr, die ihr einen schönen biblischen Namen tragt, seht zu, dass ihr ihn nicht entehrt!

In diesem Kind war „etwas Gutes erfunden vor dem Herrn, dem Gott Israels." Was war denn das Gute? Wer könnte das herausfinden! Ein grenzenloses Feld von Vermutungen tut sich vor uns auf. Wir wissen, dass etwas Gutes in ihm war, aber wie sich das zeigte, wissen wir nicht. Die Tradition hat zwar Behauptungen aufgestellt, da sie aber nur Erfindungen sind, sind sie es kaum wert erwähnt zu werden. Unsere eigenen Beobachtungen werden uns wahrscheinlich eher den richtigen Punkt treffen lassen, als diese unwahrscheinlichen Traditionen. Aus dem Schweigen der Heiligen Schrift kann man viel lernen. Es wird uns nicht genau angegeben was dieses „etwas Gute" war, weil alles Gute, das auf den Herrn gerichtet ist ein genügendes Gnadenzeichen ist. Mag auch der Glaube des Kindes nicht erwähnt werden, können wir doch überzeugt sein, dass es an den lebendigen Gott glaubte. Ist es doch „ohne Glauben unmöglich, Gott zu gefallen." Es war ein gläubiges Kind, das an Jahwe, den Gott Israels, glaubte. Vielleicht hatte ihm seine Mutter auf seine Bitte hin erlaubt zu dem Propheten Gottes zu gehen. In der Nähe des Palastes hielten sich ja manche Propheten auf. Vielleicht hätte Jerobeam nicht an den Propheten in Silo gedacht, wenn nicht der Junge ihn darum gebeten hätte. Dieser glaubte an den großen, unsichtbaren Gott, der Himmel und Erde gemacht hatte und betete diesen Gott an. Es würde mich allerdings nicht wundern, wenn die Liebe dieses Jungen sich mehr geäußert hätte als sein Glaube. Gewöhnlich sprechen gottesfürchtige Kinder mehr davon, dass sie den Heiland lieb haben als von ihrem Vertrauen zu Ihm. Nicht etwa, weil ihnen dieser Glaube fehlt, sondern vielmehr weil das Gefühl der Liebe dem Wesen des Kindes mehr eigen ist. Weil das Herz des Kindes groß ist, wird Liebe seine sichtbarste Frucht. Ohne Zweifel hat der kleine Abia sich schon früh zu dem unsichtbaren Jahwe hingezogen gefühlt und keinen Geschmack an den Götzen des väterlichen Hofes gehabt. Wer weiß, ob er nicht eine heilige Abscheu gegen die Anbetung Gottes unter dem Bild eines Kalbes gehabt hatte. Sogar ein Kind konnte genug Vernunft besitzen um einzusehen, dass es falsch ist den großen, heiligen Gott mit einem Stier zu vergleichen, der Hörner und Hufe hat. Vielleicht bebte die zarte Natur des Jungen zurück vor den gemeinen Priestern, die sein Vater aus den Niedrigsten des Landes gesammelt hatte. Nun, auch wenn wir nicht sicher sagen können wie es sich äußerte, „etwas Gutes" vor dem Herrn, dem Gott Israels, war in ihm vorhanden.

Es war nicht nur eine gute Neigung oder ein guter Wunsch in ihm, sondern eine wirkliche wesentliche Kraft, ein wirkliches Vorhandensein der Gnade. Das ist viel mehr, als ein vorübergehendes Verlangen. Welches Kind, das in der Furcht Gottes erzogen wird, hätte nicht schon mal sein Herz erzittern und ein Verlangen nach Gott gefühlt! Das ist etwas Gutes, so gewöhnlich wie der Morgentau, verschwindet aber leider genauso schnell wie dieser. Der junge Abia dagegen war im Besitz eines „Etwas", das wirklich und wesentlich war und als etwas Gutes bezeichnet werden konnte. Der Geist Gottes hatte sein Werk in ihm gewirkt und ihn eines unschätzbaren Juwels der Gnade teilhaftig gemacht. Wir wollen dieses „etwas Gutes" bewundern, auch wenn wir nicht im Stande sind es genau zu beschreiben.

Wir wundern uns nicht weniger, dass überhaupt dieses „etwas Gutes" in dem Herzen des Kindes war, wenn es auch unbekannt ist, wie es dort hineinkam. Wir wissen nicht, wie die Gnade in den Palast zu Tirza gedrungen ist und dieses jugendliche Herz gewonnen hat. Gott sah das Gute. Er sieht auch das allergeringste Gute in einem jeden von uns. Er hat ein scharfes Auge, dem nichts entgeht, was auf Ihn selbst gerichtet ist. Aber wie war dieses Gnadenwerk in das Kind gekommen? Es wird uns nicht gesagt und wir sollen aus diesem Schweigen wieder eine Lehre ziehen. Es ist nicht wesentlich und notwendig für uns zu wissen, wie ein Kind zur Gnade gelangt. Es ist nicht nötig, dass wir peinlich neugierig fragen, wann oder wo oder wie ein Kind bekehrt wurde. Es mag unmöglich sein das genau zu sagen. Es ist vielleicht so nach und nach geschehen, dass man kaum den Tag und die Stunde angeben könnte. Sogar diejenigen, die in reiferen Jahren zum Herrn gekommen sind, können nicht immer alle Einzelheiten ihrer Bekehrung beschreiben – wie könnte man denn das von Kindern erwarten, die nie in äußere grobe Sünden gefallen sind, sondern unter der Leitung einer christlichen Erziehung wie der reiche Jüngling im Evangelium von Jugend auf die Gebote Gottes gehalten haben?

Wie ist denn dieses Kind zu dem „etwas Guten" in seinem Herzen gekommen? Wir wissen wohl, dass Gott es in ihm gewirkt hatte – das ist aber auch alles. Aller Wahrscheinlichkeit nach hatte der Junge nie den Unterricht bei einem Propheten Gottes genossen, war nie wie der junge Samuel ins Haus Gottes gebracht worden. Seine Mutter war eine heidnische Prinzessin, sein Vater gehörte zu den gottlosesten Menschen – und doch erreichte die Gnade Gottes das Herz des Kindes solcher Eltern. Wirkte der Geist Gottes an dem Herzen des Jungen durch seine eigenen Gedanken? Dachte Abia über die Sache nach und kam zu dem Schluss, dass Gott Gott ist und nicht so angebetet werden durfte wie sein Vater es tat, unter dem Bild eines Kalbes? Sogar ein Kind hätte das ja einsehen können. Oder hatte irgendein vereinsamter Gottesfürchtiger an den Mauern des Palastes dem Gott Jahwe einen Psalm gesungen? Oder war der Junge an jenem Tag dabei, als sein Vater am Altar zu Bethel die Hand gegen den Propheten Gottes erhob und diese seine rechte Hand plötzlich verdorrte? Flossen Tränen aus seinen Augen, als er den Vater mit der verdorrten, gelähmten Hand dastehen sah? Lachte er vor Freude, als durch das Gebet des Propheten die Hand des Vaters sich wieder bewegte? Wurde er durch dieses große Wunder getrieben den Gott Israels zu lieben? Ist es nur ein Fantasiegebilde, das wir ausmalen? Die verdorrte Hand eines Vaters, eines Königs, ist etwas wovon sein Kind sicherlich hört. Dass die Hand durch Gebet wieder hergestellt wurde, war ein Wunder, das im ganzen Palast bekannt wurde. Es war ein Ereignis, das ohne Zweifel auch dem kleinen Prinzen nicht verborgen blieb.

Oder sollte der Kleine vielleicht auch eine gottes-fürchtige Erzieherin gehabt haben? Sollte vielleicht ein Kindermädchen, ähnlich der kleinen Dienerin der Frau des Naeman, die Liebesbotin für ihn gewesen sein? Hat die Erzieherin oder das Kindermädchen, wenn eine von beiden den Kleinen auf den Armen trug, ihm ein Lied von dem Gott Zions vorgesungen oder ihm von Josef oder Samuel erzählt? Es war noch nicht so lange her, dass Israel seinen Gott verlassen hatte, dass nicht noch mancher gläubige Nachfolger des Gottes Abrahams übrig geblieben war, – vielleicht erhielt der kleine Prinz durch einen von ihnen die Erkenntnis, die zu seiner Liebe zu dem lebendigen Gott führte. Wir dürfen vermuten, können aber nicht mit Sicherheit behaupten, dass das der Fall gewesen war – und es kommt schließlich ja auch nicht darauf an, dass wir es genau wissen. Wenn die Sonne aufgegangen ist, kommt es wenig darauf an, wann der Tag zuerst angebrochen ist. Wenn wir an Kindern „etwas Gutes" sehen, dann wollen wir uns mit dieser Wahrheit begnügen, auch wenn wir nicht sagen können wie es dorthin gekommen ist. Der Liebe Gottes fehlt es nicht an Mitteln zum Zweck. Er kann seine erfolgreiche Gnade in das Herz der Familie eines Jerobeams senden. Während der Vater vor seinen Götzen ausgestreckt liegt, kann der Herr in dem eigenen Kind des königlichen Götzendieners einen wahren Anbeter für sich selbst finden. „Aus dem Munde der jungen Kinder und Säuglinge hast Du eine Macht zugerichtet um Deiner Feinde willen." Deine Fußstapfen sind zwar nicht immer zu sehen, Du Gott der Gnade, wir haben aber gelernt Dich in Deinem Wirken anzubeten, wenn wir auch Deinen Weg nicht zu erkennen vermögen!

Dieses „etwas Gute" wird ein wenig beschrieben. Es war „etwas Gutes an ihm erfunden vor dem Herrn, dem Gott Israels". Das Gute war auf den lebendigen Gott gerichtet. In Kindern findet man manchmal etwas Gutes in Bezug auf ihre Eltern – es mag geschätzt werden – es ist aber kein genügender Beweis der Gnade. In Kindern findet man nicht selten Liebenswürdigkeit und verschiedene moralische Tugenden – all dieses Gute ist zu empfehlen und zu pflegen, es ist aber keine sichere Frucht der Gnade. Das Gute, das die Seele rettet, muss auf Gott gerichtet sein. Lasst uns nicht vergessen, was im Neuen Testament von der Buße zu Gott und dem Glauben an unseren Herrn Jesus Christus gesagt wird. Der Weg, auf den der Blick des Guten gerichtet ist, ist die Hauptsache dabei. In einem Blick ist Leben. Wenn der Mensch von Gott abirrt, wird mit jedem Schritt, den er tut, seine

Entfernung von Gott größer. Wenn aber sein Blick auf den Herrn gerichtet ist, mag er auch nur den unsicheren Schritt eines Kindes tun können, so bewegt er sich doch jeden Augenblick immer näher zu seinem Gott. Es war etwas Gutes in dem Jungen Abia *vor dem Herrn* und gerade das ist das wesentliche Kennzeichen von etwas wirklich Gutem. Das Kind hat die Liebe und darin war Liebe zu Jahwe. Es hatte Glauben – es war der Glaube an Jahwe. Seine religiöse Furcht war Gottesfurcht; seine kindlichen Wünsche, Bitten und Lieder stiegen empor zu dem lebendigen, wahren Gott. Das möchten wir so gerne nicht nur bei Kindern sehen, sondern auch bei Erwachsenen. Wir möchten sehen, dass alle ihr Herz und Gemüt und Willen dem Herrn, dem Allerhöchsten, zuwenden.

Das „etwas Gute" bewirkte bei diesem lieben Kind ein solches äußeres Wesen, dass es sehr beliebt wurde. Wir können das mit Sicherheit sagen, weil es von ihm heißt: „Ganz Israel wird ihm die Totenklage halten." Abia war wahrscheinlich der Thronerbe seines Vaters, es ist also ganz natürlich, dass die betrübten, gottesfürchtigen Leute in Israel auf bessere Zeiten hofften, wenn dieser Prinz auf den Thron kommen sollte. Sogar die, die sich um den wahren Glauben nicht kümmerten, mögen den liebenswürdigen Kleinen beobachtet und dabei gedacht haben, er wäre die Hoffnung Israels und wenn er älter würde, wären bessere Tage zu erwarten.

So kam es, dass Abias Tod tief beklagt und beweint wurde. Von allen Nachfolgern Jerobeams bekam nur er ein Grab und ein ehrenvolles Begräbnis, alle anderen dagegen wurden von Hunden und

Raubtieren gefressen. Es ist ein Segen, wenn in unseren Kindern so etwas Gutes ist, dass sie in ihren kleinen Kreisen beliebt werden. Nicht alle werden wie dieser junge Prinz allgemein bewundert werden, aber dennoch ist die Gnade Gottes in einem Kind etwas Schönes. Jugendliche Gottesfurcht hatte mich immer ergriffen. Ich erkenne ja auch die Tugenden gottesfürchtiger Männer und Frauen dankbar an, wenn ich sie aber bei Kindern beobachte, kann ich kaum die Freudentränen halten. Diese Rosenknospen im Garten des Herrn sind mit einer außerordentlichen Schönheit umgeben und haben einen Duft, den man nicht in den schönsten Lilien der Erde findet. Durch diese kleinen Pfeile des Herrn ist manches Herz für den Herrn Jesus gewonnen worden. Gerade darin, dass sie so klein sind, liegt ein Teil ihrer Macht das Herz zu durchdringen. Mag auch ein Mensch die Gnade nicht lieben, die in dem Kind wirkt, doch weil er das Kind lieb hat, an dem diese Gnade zu spüren ist, ist es ihm nicht mehr möglich gegen den Glauben zu sprechen, wie er es sonst getan haben würde. Ja, noch mehr, der Heilige Geist bedient sich dieser Kinder zu noch höheren Zwecken. Es kommt nicht selten vor, dass in denen, die in nähere Berührung mit ihm kommen, ein Verlangen nach besseren Dingen geweckt wird.

Abia trug keinen breiten Denkzettel, hatte aber einen stillen, demütigen Geist. Wahrscheinlich hat er nicht viel geredet, sonst hätte es vielleicht von ihm geheißen: „Er hat Gutes über den Gott Israels geredet." Er scheint eher ein schüchterner, zurückhaltender, fast schweigsamer Junge gewesen zu sein. Das Gute war aber *an*, eigentlich *in* ihm. Das ist es, was wir allen unseren Freunden wünschen: ein Gnadenwerk in ihnen, in jedem Einzelnen. Der Hauptpunkt ist nicht die Kleidung oder die Aussprache, sondern der Besitz des göttlichen Lebens in uns, dass wir infolge dieses inneren Lebens fühlen und denken, wie Jesus es getan haben würde. Der Wert äußeren Glaubens ist sehr gering, wenn er nicht dem inneren Leben entspringt. Wirkliche Tugend ist nicht ein Gewand, das man nach Belieben an- und ablegen kann, sondern ist ein Teil der ganzen Person. Abias Gottesfurcht war von echter, persönlicher, innerlicher Art; mögen alle unsere Kinder solches Gute in sich haben! Wie uns erzählt wird, wurde das Gute an ihm „erfunden". Damit soll gesagt sein, dass es ohne besondere Schwierigkeit an ihm zu erkennen war. Der Ausdruck erfunden, gefunden wird auch dann gebraucht, wenn eben kein großes Suchen vorausgesetzt wird. Sagt nicht der Herr: „Ich werde gefunden von denen, die mich nicht suchten [...]." (Jes. 65,1)? Eifrige, kindliche Gottesfurcht zeigt sich bald. Ein Kind ist gewöhnlich viel weniger zurückhaltend als ein Erwachsener. Die kleinen Lippen sind nicht durch kalte Vorsicht zugefroren, sondern zeigen, was im Herzen ist. Kindliche Gottesfurcht ist sogar auf der Oberfläche sichtbar, sodass manche, die als Gäste in ein Haus kommen, überrascht sind durch die natürlichen und unkomplizierten Worte, die den jungen Christen verraten. Es waren in Tirza manche, die es kaum hätten übersehen können, dass der kleine Abia etwas Gutes vor dem Herrn in sich hatte. Es ist ihnen vielleicht gleichgültig gewesen. Sie haben vielleicht gehofft, dass es durch seine Umgebung am Hof nach und nach vernichtet würde, aber trotzdem wussten sie, dass es vorhanden war; sie hatten es ohne Schwierigkeiten entdeckt.

Der Ausdruck hat auch noch eine andere Bedeutung. Er schließt mit ein, dass Gott, der die Herzen kennt und die Nieren prüft, als er dieses Kind heimsuchte, in ihm etwas zu seiner Verherrlichung entdeckte. Es ist nicht alles Gold, was glänzt, aber das, was in diesem Jungen war, war echtes Metall. O, dass auch von uns dasselbe gesagt werden könnte, wenn wir wie durchs Feuer geprüft werden! Es mag ja sein, dass Jerobeam ärgerlich über die Gottesfurcht seines Kindes war; welche Prüfung aber auch dem Kind auferlegt wurde, es kam unverletzt aus ihr heraus.

Der Ausdruck kommt mir auch wie ein Gedanke der Überraschung vor. Wie kam dieses Gute in das Kind? In ihm wurde „etwas Gutes gefunden", wie wenn ein Mensch in einem Acker einen Schatz findet. Während der Ackerbauer nur an seine Ochsen, seine Äcker, seine Ernte dachte, stieß der Pflug plötzlich auf einen verborgenen Schatz. Er fand den Schatz, wo er eben war, aber wie er dort hingekommen ist, wusste er nicht. So wurde in diesem Kind, dass eine so ungünstige Stellung einnahm, zu jedermanns Überraschung etwas Gutes vor dem Herrn, dem Gott Israels, gefunden. Wie ihr seht, ist seine Bekehrung mit einem Geheimnis umhüllt. Es wird uns weder gesagt, wie und woher sie kam, aber sie war da, gefunden wo niemand sie erwartet hätte. Ich glaube, das könnte auf viele Kinder angewandt werden, die Gott aus den Höfen und Gängen Londons durch seine Gnade zur Seligkeit beruft. Ihr müsst nicht erwarten, die Erfahrungen ihres Lebens, ihre Gefühle notieren und zusammenzählen zu können; ihr müsst nicht damit rechnen, einzelne Daten und Mittel zu erfahren, sondern ihr müsst einfach ein solches Kind nehmen, so wie wir Abia ansehen und euch freuen ein Wunder der Gnade zu finden, dem Gott sein eigenes Siegel aufgedrückt hat. Wie der alte Prophet im Namen Gottes den jungen Prinzen als einen aufrichtigen Nachfolger Jahwes bestätigte, so drückt der Herr wiedergeborenen Kindern sein Siegel auf. Das mag uns genügen, auch wenn wir sehen, dass es noch an manchem fehlt. Lasst uns mit Freuden die Wirkungen des Heiligen Geistes begrüßen, auch wenn wir sie nicht genau beschreiben können.

Alles, was von Abia gesagt wird, ist in dem eingeschlossen, dass „etwas Gutes" in ihm war. Es scheint, als ob das göttliche Werk bis dahin nur noch ein Funke der Gnade, der Anfang eines neuen Lebens in ihm war. Wäre etwas besonders Auffallendes an ihm gewesen, so wäre es genauer berichtet worden. Er war nicht ein heldenhafter Nachfolger Jahwes; seine Taten der Treue gegen Gott sind nicht aufgeschrieben, weil er durch sein zartes Lebensalter weder Macht noch Gelegenheit hatte viel zu tun, was des Berichtens wert gewesen wäre. In der Aussage, dass „etwas Gutes" in ihm war, ist eingeschlossen, dass es nicht etwas Vollkommenes war und dass es nicht alles Gute umfasste, was man hätte wünschen können. Es fehlte ja an manchem Guten, aber „etwas Gutes" war zu sehen, daher fand das Kind Gnade bei Gott und wurde vor einem schmachvollen Tod bewahrt.

Wir sind geneigt in einem schlechten Haus „etwas Gutes" zu übersehen. Es war das Wunderbarste von allem, dass in Jerobeams Palast ein gottesfürchtiges Kind sein konnte. Gewöhnlich regiert die Mutter das Haus, aber die Königin war eine ägyptische Prinzessin, eine Götzendienerin. Ein Vater hat großen Einfluss, aber Jerobeam sündigte und brachte das Volk Israel zum Sündigen. Ist es nicht auffallend, dass er Israel in die Sünde führte, während er es nicht schaffte sein Kind zur Sünde zu verführen? Das ganze Land spürt den verpestenden Einfluss Jerobeams und dort, dicht zu seinen Füßen ist ein heller Fleck, den die souveräne Gnade vor der Plage bewahrt hat. Sein Erstgeborener der natürlicherweise dem Vater ähnlich sein musste, ist genau das Gegenteil von ihm – in Jerobeams Erben ist „etwas Gutes erfunden vor dem Herrn dem Gott Israels".

An solchen Orten sucht man gewöhnlich nichts Gutes, man ist vielmehr geneigt, an ihnen vorüberzugehen. Wenn ihr in die Höfe und Gänge unserer großen Städte geht, die alles andere als palastähnlich sind, werdet ihr sehen, dass sie von Kindern schwärmen. Und wo offensichtlich die Sünde herrscht, werdet ihr kaum etwas Gutes erwarten. In den Fieberhöhlen und pestartigen Gängen der Großstadt hört man Lästerungen und sieht Trunkenheit nach allen Seiten, aber schließe daraus nicht, dass in diesen Lasterhöhlen gar kein Kind Gottes ist. Sage nicht in dir selbst: „Die suchende Liebe Gottes hat keinen von diesen Elenden aufgepickt." Wie könntest du das wissen? Eins dieser armen, zerlumpten Kinder, die dort auf einem Schutthaufen spielen, hat vielleicht in der Lumpenschule den Heiland gefunden und wird einst einen Platz zu seiner Rechten einnehmen. Wie kostbar ist dieser Edelstein, wenn er auch unter den Straßenkies geworfen wurde! Wie glänzt dieser Diamant, wenn er auch auf einem Dunghaufen liegt! Wenn in dem Kind „etwas Gutes erfunden wird vor dem Herrn, dem Gott Israels", ist es nicht deshalb weniger zu schätzen, weil sein Vater ein Dieb und seine Mutter Alkoholikerin ist.

Verachtet nie auch das zerlumpteste Kind. Ein irischer Geistlicher, Pastor einer kleinen evangelischen Gemeinde, bemerkte an mehreren Sonntagen einen sehr zerlumpten Jungen, der in der Nähe der Tür stehend mit großer Aufmerksamkeit der Predigt zuhörte. Er hätte gern gewusst, wer der Junge wohl wäre, aber jedes Mal sobald die Predigt zu Ende war, war dieser verschwunden. Der Pastor bat einige Freunde ihn zu beobachten, aber der Junge wusste sich ihren Blicken so zu entziehen, dass man ihm nicht auf die Spur kommen konnte. Nun geschah es an einem Sonntag, dass der Pastor über den Text sprach: „Er schafft Heil mit seiner Rechten und mit seinem heiligen Arm." (Ps. 98,1) Nach diesem Tag ließ der Junge sich nicht mehr blicken. Sechs Wochen waren vergangen, da erschien ein Mann aus dem Gebirge und bat den Pastor zu seinem sterbenden Jungen zu kommen. Er wohnte in einer elenden Hütte im Gebirge. Nach einem sechs Meilen weiten Weg durch Moräste und über Berge erreichte der Pastor bei starkem Regen die Hütte. Als er hereintrat, hatte der arme Bursche sich im Bett aufgerichtet. Sobald er den Geistlichen erblickte, winkte er mit der Hand und rief aus: „Er schafft Heil mit seiner Rechten und mit seinem heiligen Arm." Das waren seine letzten Worte auf Erden, der Triumphschrei des Sterbenden. Wer weiß, in wie vielen Fällen die Rechte des Herrn Heil geschaffen hat trotz der Armut und Sünde, trotz der Unwissenheit, von der der Bekehrte umringt war! Lasst uns deshalb kein Gutes verachten, wo immer es auch gefunden werden mag, sondern von Herzen schätzen lernen, was wir so leicht übersehen!

Wir können es nicht verstehen, weshalb die Kleinen, die Gott lieb haben, häufig so viel leiden müssen. Wir würden sagen: „Wäre es mein Kind, ich würde es gesund machen und ihm sofort Erleichterung geben." Und doch lässt der allmächtige Vater es zu, dass die lieben Kleinen leiden. Das gottesfürchtige Kind Jerobeams wird krank und doch ist sein gottloser Vater nicht krank, auch die Mutter nicht, während man fast wünschen könnte, dass sie es wären, damit sie nicht so viel Übles tun könnten. Nur ein einziger Gottesfürchtiger in der Familie – und dieser ist krank! Weshalb war es so? Weshalb ist es so in anderen Fällen? Wie oft findet man ein gottesfürchtiges Kind als Krüppel, ein himmlisch gesinntes Mädchen an der Schwindsucht daniederliegend! Wie oft ruht die schwere Hand Gottes gerade auf denen, die seine ewige Liebe zur Seligkeit berufen hat! Es liegt eine Bedeutung darin und wir erkennen sie etwas; wenn uns aber auch alles verborgen wäre, so würden wir deshalb doch nicht weniger an die Güte des Herrn glauben. Jerobeams Sohn war der Maulbeerbaumfeige ähnlich, die nicht reif wird, bevor sie gequetscht wird; durch seine Krankheit reifte Abia rasch für die Heiligkeit. Seine Krankheit sollte darüber hinaus heilsam für den Vater und die Mutter sein. Wären sie willig gewesen sich durch die Trübsal belehren zu lassen, hätte sie ihnen zum großen Segen werden können. Sie wurden dadurch zu dem Propheten Gottes getrieben. O, dass sie sich zu Gott selbst hätten treiben lassen! Ein krankes Kind hat manche verblendeten Eltern zum Heiland geführt und ihnen die Augen geöffnet.

Es ist noch mehr Merkwürdiges in dieser Geschichte, nämlich dass manches von Gottes liebsten Kindern stirbt, während es noch jung ist. Würden wir nicht gesagt haben: „Jerobeam mag sterben und die Königin auch – aber verschone das Kind!" Ach, aber das Kind wird abgerufen; es ist für den Himmel bereit. Durch sein Abscheiden sollte die Gnade Gottes verherrlicht werden, die ein solches Kind gerettet und so früh zur Vollkommenheit geführt hatte. Sein Scheiden war auch ein Gnadenlohn; durch seinen frühen Tod wurde das Kind vor den kommenden Übeln bewahrt. Während die Seinen durchs Schwert fallen und eine Beute der Hunde und Schakale werden mussten, war es in Frieden gestorben und begraben worden. Bei diesem Kind war sein früher Tod ein Gnadenerweis. Der Herr nimmt häufig in seiner unendlichen Barmherzigkeit Kinder zu sich und bewahrt sie dadurch vor den Trübsalen und Versuchungen eines langen Lebens. So haben sie ungewöhnlich viel Gnade erlangt, dass kein Aufschub nötig ist; sie sind schon reif für die Ernte. Es ist wunderbar, welche Gnade in dem Herzen eines Jungen wohnen kann. Kindliche

Gottesfurcht ist keineswegs eine Gottesfurcht unter-
geordneter Art – sie ist vielmehr nicht selten reif für
den Himmel.

Der Sohn der Schunemiterin

Lasst mich eure Aufmerksamkeit auf ein sehr lehrreiches Wunder lenken, das durch den Propheten Elisa geschehen war, wie es uns im zweiten Buch der Könige, Kapitel 4, erzählt wird. Die Gastfreundschaft der Schunemiterin war durch das Geschenk eines Sohnes belohnt worden, aber wie alle irdischen Freuden leider vergänglich sind, so wurde ihr das Kind später durch einen plötzlichen Tod genommen.

Die betrübte, aber gläubige Mutter eilte sofort zu dem Mann Gottes. Durch ihn hatte Gott ihr die Verheißung gegeben, durch die ihr Herzenswunsch erfüllt wurde. Deshalb entschloss sie sich ihm ihren Kummer mitzuteilen, damit er ihn seinem himmlischen Meister vorlegte und für sie Erhörung erwirkte. Elisas Handeln wird uns in folgenden Worten mitgeteilt: „Er sprach zu Gehasi: Gürte deine Lenden und nimm meinen Stab in deine Hand und geh hin und wenn dir jemand begegnet, so grüße ihn nicht und grüßt dich jemand, so danke ihm nicht und lege meinen Stab auf des Knaben Antlitz. Aber die Mutter des Knaben sprach: So wahr der Herr lebt und so wahr du lebst: ich lasse nicht von dir! Da machte er sich auf und ging ihr nach. Gehasi aber ging vor ihnen hin und legte den Stab dem Knaben aufs Antlitz: da war aber keine Stimme und kein Empfinden. Und er ging zurück Elisa entgegen und sagte ihm: Der Knabe ist nicht aufgewacht. Und als Elisa ins Haus kam, siehe, da lag der Knabe tot auf seinem Bett. Und er ging hinein und schloss die Tür hinter sich zu und betete zu dem Herrn und stieg aufs Bett und legte sich auf das Kind und legte seinen Mund auf des Kindes Mund und seine Augen auf dessen Augen und seine Hände auf dessen Hände und breitete sich so über ihn; da wurde des Kindes Leib warm. Er aber stand auf und ging im Haus einmal hierhin und dahin und stieg wieder aufs Bett und breitete sich über ihn. Da nieste der Knabe siebenmal; danach tat der Knabe seine Augen auf. Und Elisa rief Gehasi und sprach: Ruf die Schunemiterin! Und als er sie rief, kam sie hinein zu ihm. Er sprach: Da, nimm deinen Sohn! Da kam sie und fiel nieder zu seinen Füßen und neigte sich zur Erde und nahm ihren Sohn und ging hinaus." (2. Kön. 4, 29–37)

Elisa hatte es mit einem toten Kind zu tun. Es war der natürliche Tod. Der Tod dagegen, mit dem ihr in Berührung kommt, ist nicht weniger ein wirklicher Tod, weil es ein geistlicher ist. Jungen und Mädchen sind genauso wie erwachsene Leute „tot in Übertretungen und Sünden". Jeder sollte sich den Zustand vergegenwärtigen, in dem alle Menschen von Natur aus sind. Wenn ihr nicht ein klares Verständnis von dem äußersten Verderben und dem geistlichen Tod der Kinder habt, werdet ihr ihnen nicht zum Segen sein. Ich bitte euch deshalb, geht zu ihnen nicht als zu Schlafenden, die ihr durch eure eigene Kraft von ihrem Schlaf aufwecken könntet, sondern wie zu geistlichen Leichen, die nur durch göttliche Macht belebt werden. Elisa beabsichtigte nichts Geringeres, als das Kind wieder zum Leben zu erwecken. Ihr solltet euch nie mit Segnungen zweiter Art begnügen, richtet euren Blick auf das großartigste aller Ziele, auf die Errettung unsterblicher Seelen! An euch liegt es nicht nur die Kinder die Bibel lesen zu lehren, nicht nur ihnen die Pflichten der Moral einzuprägen oder sie nur in den Buchstaben des Evangeliums zu unterweisen, ihr habt vielmehr die hohe Berufung in Gottes Hand das Mittel zu sein, toten Seelen himmlisches Leben zu bringen!

Auferstehung – das ist also unser Ziel. Tote zu erwecken – das ist unsere Mission! Wie führt man aber so ein eigenartiges Werk aus? Wenn wir dem Unglauben nachgeben, werden wir wankend werden durch die offensichtliche Tatsache, dass das Werk, zu dem der Herr uns berufen hat, ganz außer Reichweite unserer persönlichen Kraft liegt. Wir können Tote nicht auferwecken. Wir sind allerdings nicht weniger machtlos als Elisa es war, auch er hätte aus sich heraus den Sohn der Schunemiterin nicht wieder ins Leben rufen können. Sollte uns das entmutigen? Sollte es uns nicht vielmehr auf unsere wirkliche Kraft hinweisen, indem wir alle eigene, eingebildete Kraft ausschließen? Ich vertraue darauf, dass ihr alle schon merkt, dass derjenige, der in der Region des Glaubens lebt, in dem Reich der Wunder wohnt.

Jetzt, da Gottes Geist auf Elisa war, ihn zu Gottes Werk berief und ihm darin beistand, war er kein gewöhnlicher Mensch. Und auch du, du ernster, eifriger, betender Lehrer, bleibe nicht länger ein gewöhnlicher Mensch. Du bist in gewisser Weise der Tempel des Heiligen Geistes geworden. Gott wohnt in dir und du hast durch den Glauben sozusagen angefangen ein Wundertäter zu sein. Du bist in die Welt gesandt, nicht um das zu tun was Menschen möglich ist, sondern die Unmöglichkeiten, die Gott mittels seiner Gläubigen durch den Heiligen Geist wirkt. Du sollst Wunder verrichten. Betrachte deshalb die Wiederbelebung dieser toten Kinder, die du im Namen Gottes bewirken sollst, nicht als etwas Unwahrscheinliches und Schwieriges, sondern denke lieber daran, wer es ist, der durch dich schwaches Werkzeug wirken wird.

Es hätte Elisa gut getan daran zu denken, dass er früher der Diener Elias gewesen war. Hätte er das Beispiel seines Meisters besser studiert, so würde er es besser nachgeahmt haben. Er würde nicht Gehasi mit einem Stab gesandt haben, sondern hätte gleich getan, was er selbst tun sollte. In 1. Könige 17 wird uns erzählt, wie Elia ein totes Kind auferweckte und was für ein vollständiges Beispiel er seinem Diener Elisa hinterlassen hatte. Die wunderwirkende Macht offenbarte sich nicht eher, als er diesem Beispiel in jeder Hinsicht folgte. Wie gesagt, Elisa hätte weiser gehandelt, wenn er von Anfang an dem Beispiel des Meisters gefolgt wäre, dessen Mantel er trug. Mit noch viel mehr Nachdruck möchte ich euch sagen, dass wir gut daran tun würden, wenn wir als Lehrer uns die Methoden unseres verherrlichten Meisters mehr aneignen und zu seinen Füßen die Kunst des Seelengewinnens lernen würden. Genauso wie Er in dem allerinnigsten Mitgefühl in die engste Berührung mit unserer elenden Menschheit trat und sich herabließ zu unserem beklagenswerten Zustand herabzusteigen, so müssen auch wir den Seelen nahe kommen, mit denen wir es zu tun haben. Wir müssen wie Er mit sehnsüchtigem Verlangen darauf aus sein sie aus ihrem Sündenzustand herauszuholen. Nur dann haben wir die richtige Weisheit zum Seelengewinnen, wenn wir in dem Geist und der Weise unser Werk tun. Ich fürchte, wir sagen oft etwas aus uns selbst. Die Wahrheit, die wir so aussprechen, ist wie ein Stab in der Hand, ist aber nicht ein Teil unseres innersten Herzens. Wir nehmen eine Lehre oder eine praktische Wahrheit so wie Gehasi den Stab nahm und ihn auf das Gesicht des Kindes legte, aber das Leben seiner Seele ist uns keine tiefe Herzenssache. Wir versuchen es mit dieser Lehre oder jener Wahrheit, mit dieser Geschichte und einer anderen Illustration, auf diese Art beim Unterrichten, auf die andere beim Predigen – aber solange die Wahrheit, die wir verkündigen, sozusagen eine von uns selbst getrennte Sache bleibt, ohne Verbindung mit unserem innersten Sein, so lange wird sie ebenso wenig Einfluss auf eine tote Seele haben wie Elisas Stab auf das tote Kind hatte. Wir können nicht mit Sicherheit sagen, ob Gehasi überzeugt war, dass das Kind wirklich tot war. Er spricht, als ob es schliefe und nur geweckt werden müsste. Gott wird die Lehrer nicht segnen, die nicht den wirklichen, gefallenen Zustand ihrer Kinder begreifen. Wenn du meinst, das Kind sei nicht wirklich verdorben, wenn du dir dumme Theorien über die Unschuld der Kindheit und die Würde der menschlichen Natur machst, sollte es dich nicht wundern, wenn du dürre und unfruchtbar bleibst.

Merkt euch genau, was Elisa tat, als sein erster Versuch verfehlte. Wenn ein Versuch misslingt, müssen wir nicht gleich das Werk aufgeben. Wer bis jetzt ohne Erfolg gearbeitet hat, darf daraus nicht den Schluss ziehen, dass er zu dem Werk nicht berufen sei, ebenso wenig wie Elisa hätte schließen dürfen, das Kind werde nicht wieder ins Leben zurückkehren. Was du aus deiner Erfolglosigkeit lernen sollst, ist nicht das Werk aufzugeben, sondern seine Weise zu ändern. Es ist nicht die Person, die nicht am Platz ist, sondern der Plan und das Vorgehen entsprechen nicht der Aufgabe. Wenn dein erster Versuch sich als erfolglos erwiesen hat, musst du es auf eine andere Weise versuchen. Prüfe dich, worin du nachlässig warst. Möge der Herr durch Veränderung deines Vorgehens oder deiner Einstellung dich zu einem Grad der Nützlichkeit führen, der auch deine kühnsten Erwartungen weit übersteigt. Statt bei der Nachricht, das Kind sei nicht aufgewacht, entmutigt zu sein, begab sich Elisa mit umso größerem Eifer an das vor ihm liegende Werk.

Achtet darauf, wo das tote Kind sich befand. „Und als Elisa ins Haus kam, siehe, da lag der Knabe tot auf seinem Bett." Es war das Bett, das die gastfreie Schunemiterin dem Propheten bereitet hatte, das berühmte Bett, das samt Tisch und Stuhl und Leuchter in der Gemeinde Gottes nicht vergessen werden wird.

Wir lesen weiter: „Und er ging hinein und schloss die Tür hinter sich zu und betete zu dem Herrn." Jetzt hat sich der Prophet mit vollem Ernst ans Werk begeben und es wird uns eine gute Gelegenheit geboten, von ihm das Geheimnis zu erlernen tote Kinder zum Leben zu erwecken. Wir sehen aus der Geschichte, dass Elisa jetzt wie sein Meister Elia vorging. Von Elia heißt es, dass er zu der Witwe sprach: „Gib mir deinen Sohn! Und er nahm ihn von ihrem Schoß und ging hinauf ins Obergemach, wo er wohnte, und legte ihn auf sein Bett und rief den Herrn an und sprach: Herr, mein Gott, tust du sogar der Witwe bei der ich ein Gast bin, so Böses an, dass du ihren Sohn tötest? Und er legte sich auf das Kind dreimal und rief den Herrn an und sprach: Herr, mein Gott, lass sein Leben in dies Kind zurückkehren! Und der Herr erhörte die Stimme Elias, und das Leben kehrte in das Kind zurück und es wurde wieder lebendig." (1. Kön. 17,19–22)

Das große Geheimnis liegt vor allem in inbrünstigem Beten. „Elisa schloss die Tür zu, für sie beide, und betete zum Herrn." Ein altes Sprichwort sagt: „Jede wahre Kanzel wird im Himmel aufgerichtet", d. h. der wahre Prediger verkehrt viel mit Gott. Wenn wir Gott nicht um seinen Segen bitten, wenn das Fundament der Kanzel nicht im persönlichen Gebet liegt, wird euer öffentliches Amt wenig Erfolg haben. So ist es auch mit euch, ihr Helfer und Helferinnen: eure wirkliche Kraft muss von oben kommen. Wer nie in sein Kämmerlein geht und die Tür hinter sich zuschließt, wer nie am Gnadenthron für seine Kinder eintritt, wie kann der erwarten, dass Gott ihn durch ihre Bekehrung ehren wird? Es ist eine ausgezeichnete Methode, die Kinder auch einzeln vorzunehmen und mit ihnen zu beten. Das persönliche Gebet mit dem Einzelnen übt einen größeren Einfluss aus, als das öffentliche Gebet in der Klasse; natürlich nicht mehr Einfluss auf Gott, sondern auf das betreffende Kind. Solches Gebet wird nicht selten bald erhört, ja, während du betest, macht Gott dein Gebet vielleicht zu einem Hammer, der das Herz bricht, das sich sonst nicht hätte rühren lassen.

Nachdem Elisa gebetet hatte, wandte er auch andere Mittel an. Gebet und Gebrauch sonstiger Mittel müssen stets Hand in Hand gehen. Ohne Gebet ist die Anwendung anderer Mittel Vermessenheit – Gebet ohne Anwendung anderer Mittel ist Heuchelei! Dort lag das Kind, dort stand der ehrwürdige Mann Gottes. Beobachtet sein eigenartiges Vorgehen: er beugt sich über die Leiche und legt seinen Mund auf den Mund des Kindes. Der kalte, tote Mund des Kindes wurde von den warmen, lebendigen Lippen des Propheten berührt, ein lebendiger Strom frischen, warmen Atems wurde durch den kalten, steifen Mund in Hals und Lunge des Toten hinuntergesandt. Dann legte der Mann Gottes liebe- und hoffnungsvoll seine Augen auf die Augen des Kindes, seine Hände auf die Hände des Kindes. Die warmen Hände des Alten bedeckten die kalten Hände des verstorbenen Kindes. Anschließend breitete er sich über das Kind aus, sodass er es mit seinem ganzen Körper bedeckte, als ob er der leblosen Gestalt sein eigenes Leben einflößen, entweder mit ihm sterben oder es wieder lebendig machen wollte. Von einem Gämsenjäger, der einem ängstlichen Reisenden als Führer diente, wird erzählt, er habe ihn an einer sehr gefährlichen Stelle des Weges an sich gebunden, mit den Worten: „Wir beide oder keiner." Er hatte damit sagen wollen: „Wir beide werden leben oder keiner von uns; denn wir sind eins." So bewirkte der Prophet eine geheimnisvolle Verbindung zwischen sich und dem Jungen. Er war innerlich entschlossen das Kind durch sein Leben zu erwärmen, auch wenn er selbst dabei erkalten müsste. Was können wir daraus lernen?

Es wird uns sehr vieles daraus klar. Wir sehen hier wie in einem Bild, dass, wenn wir einem Kind geistliches Leben bringen wollen, wir uns seinen Zustand lebendig vergegenwärtigen müssen. Es ist tot. Gott will, dass ihr fühlen sollt, dass das Kind ebenso tot in Übertretungen und Sünden ist, wie ihr es früher wart. Gott will aber auch, dass ihr durch schmerzliches, demütigendes, drückendes Mitgefühl mit diesem Tod in Berührung kommen sollt. Beim Seelengewinnen sollen wir beachten, wie unser Herr und Heiland gewirkt hat. Nun, wie hat Er denn gewirkt? Was hat Er getan um uns vom Tode zu erretten? Er selbst musste sterben – es gab keinen anderen Weg. So ist es auch mit euch. Wer ein totes Kind beleben möchte, muss selbst die Kälte und den Schrecken seines Todes fühlen. Zur Erweckung sterbender Menschen braucht man einen sterbenden Menschen. Ich glaube nicht, dass ihr je einen Brandscheit aus dem Feuer reißt, ohne die Hand dem Feuer so nahe zu halten, dass ihr seine Hitze fühlt. Ihr müsst mehr oder weniger ein deutliches Gefühl von dem Zorn Gottes und dem Schrecken des zukünftigen Gerichts haben, wenn es euch nicht an Tatkraft und damit an etwas Wesentlichem zum Erfolg mangeln soll. Ich glaube nicht, dass ein Prediger je richtig über solche Dinge reden kann, wenn sie nicht als eine persönliche Last vom Herrn seine Seele drücken. „Ich sprach in Ketten", schreibt Bunyan, „zu Männern in Ketten." Verlasst euch drauf, wenn der Tod, den ihr in euren Kindern entdeckt, euch erschreckt und drückt, ist Gott dabei euch zu segnen. Indem ihr euch so den Zustand des Kindes klarmacht und sozusagen euren Mund auf seinen

Mund, eure Hand auf die seine legt, muss es euer Bestreben sein, so viel wie möglich der Natur, den Gewohnheiten und dem Temperament des Kindes zu entsprechen. Dein Mund muss sich bemühen die richtigen Worte zu finden, du musst alles mit kindlichen Augen ansehen, dich in die Gefühle des Kindes versetzen um ihm ein Freund sein zu können, musst so viel wie möglich seine kindlichen Freuden und Leiden teilen. Du musst dich nicht mit Gedanken über die Schwierigkeit dieser Sache quälen oder sie als demütigend ansehen. Wird etwas Schwieriges erfordert, so tue es und halte dich nicht lange bei der Schwierigkeit auf. Gott wird kein totes Kind durch dich zum Leben bringen, wenn du nicht willig bist ihm alles zu werden, damit du womöglich seine Seele gewinnst.

Es wird weiter von Elisa gesagt: „Er breitete sich über das Kind." Hätte man nicht meinen sollen, es müsste heißen: „Er zog sich zusammen"? War er doch ein erwachsener Mann und das Kind nur ein kleiner Junge. Und doch heißt es: „Er breitete sich aus." Merkt es euch, kein sich Ausbreiten, kein sich Strecken ist schwerer, als das eines Mannes nach einem Kind. Wer es versteht zu Kindern zu reden, ist wirklich kein Tor. Ein Tor irrt sich sehr, wenn er meint seine Dummheiten könnten Jungen und Mädchen fesseln. Der Unterricht unserer Kleinen braucht ernste Vorbereitung, ernstes Nachdenken und reife Kraft. Du wirst das Kind nicht beleben, wenn du dich nicht „ausstreckst" – es mag zwar sonderbar scheinen, ist aber wahr. Der Weise muss alle seine Fähigkeiten anstrengen, wenn er ein erfolgreicher Lehrer der Jugend werden will.

Wir sehen also in Elisa ein Fühlen des Todes des Kindes und eine Hingabe an sein Werk, vor allem aber Mitgefühl. Während er selbst den Frost der Leiche fühlte, drang seine persönliche Wärme in den toten Körper. Das allein machte das Kind ja nicht wieder lebendig, Gott aber wirkte dadurch, dass die Wärme des alten Mannes in das Kind überging und das Mittel zu seiner Belebung wurde. Jeder Lehrer, jede Lehrerin sollte sich die Worte des Apostels zu Herzen nehmen: „Obwohl wir unser Gewicht als Christi Apostel hätten einsetzen können, sind wir unter euch mütterlich gewesen: Wie eine Mutter ihre Kinder pflegt, so hatten wir Herzenslust an euch und waren bereit, euch nicht allein am Evangelium Gottes teilzuhaben, sondern auch an unserem Leben; denn wir hatten euch lieb gewonnen." (1.Thess. 2, 7. 8)

Gott wird durch seinen Heiligen Geist unsere in herzlicher Liebe geredeten Worte seiner Wahrheit segnen und sie ausrichten lassen, was die nur kalt ausgesprochene Wahrheit niemals könnte. Hier liegt also das Geheimnis. Du musst dich selbst den Jungen hingeben; du musst dich selbst so fühlen, als ob das Verderben dieses Kindes dein eigenes wäre.

Das Resultat der Mühen des Propheten wurde bald sichtbar. „Da wurde des Kindes Leib warm." Wie hat Elisa sich wohl gefreut; ich sehe aber nicht, dass er vor Freude und Zufriedenheit seine Arbeit einstellte. Begnügt euch nie damit, eure Kinder nur in einem hoffnungsvollen Zustand zu sehen. Was ihr erstreben sollt, ist nicht nur Überzeugung, sondern Bekehrung; nicht nur Eindrücke sind euer Ziel, ihr habt es auf die Wiedergeburt abgesehen. Leben, Leben von Gott, das

Leben Jesu – das ist das Ziel. Das ist es, was eure Kinder brauchen und nur das muss euch genügen.

„Er aber stand auf und ging im Haus einmal hierhin und dahin." Beachtet die Ruhelosigkeit des Mannes Gottes. Er kann nicht ruhen. Das Kind wird warm – Gott sei dafür gelobt! – Aber es lebt noch nicht. Statt sich also an den Tisch zu setzen, wandelt der Prophet ruhelos auf und ab, unruhig, seufzend, keuchend, er ist sehr ruhelos. Er konnte es nicht ertragen, die betrübte Mutter anzusehen oder sie fragen zu hören: „Ist das Kind wiederhergestellt?" Er ging fortwährend im Hause auf und ab; solange seine Seele nicht befriedigt war, konnte auch sein Leib nicht ruhen. Wir wollen uns diese heilige Ruhelosigkeit als Beispiel dienen lassen. Wenn du siehst, dass ein Junge sehr bewegt ist, setze dich nicht nieder mit dem Gedanken: „Gott sei Dank, das ist ein hoffnungsvolles Kind. Ich bin vollkommen zufrieden." Auf diese Weise wirst du nie den unschätzbaren Edelstein, eine gerettete Seele, gewinnen. Du musst dich vielmehr ruhelos, traurig fühlen, wenn du je ein Vater in der Gemeinde werden willst.

Nachdem der Prophet längere Zeit hin und her gewandelt war, „stieg er wieder hinauf und breitete sich über das Kind." Was gut ist, wenn es einmal getan wird, kann auch zum zweiten Mal geschehen. Was zweimal gut ist, mag siebenmal gut sein. Ausdauer und Geduld sind nötig. So sicher wie von Elisa Wärme auf das Kind überging, ebenso kann von euch Kälte auf eure Klasse gehen, wenn ihr nicht in einem ernsten Gemütszustand seid.

Elisa breitete sich wieder über das Kind aus, ohne

Zweifel mit vielen Gebeten und Seufzern, mit viel Glauben, bis endlich sein Wunsch erfüllt wurde. „Da nieste der Knabe siebenmal; danach tat der Knabe seine Augen auf." Irgendwelche Art der Tätigkeit bedeutete Leben und musste den Propheten zufrieden stellen. Das Kind nieste, wie einige sagen, weil es an einer Kopfkrankheit gestorben war. Sein Vater hatte es rufen hören: „Mein Kopf! Mein Kopf!" Durch das Niesen wurden die Öffnungen des Lebens gereinigt, die verstopft gewesen waren. So vermutet man – aber wer könnte das mit Sicherheit sagen!? Die frische Luft, die aufs Neue in die Lungen drang, konnte dieses auch veranlasst haben. Es war weder ein artikulierter, noch musikalischer Laut, er bedeutete aber Leben. Das ist alles, was von jungen Kindern zu erwarten ist, wenn Gott sie zum geistlichen Leben erweckt. Manche Gemeindeglieder erwarten jedoch weit mehr – was aber mich betrifft, ich bin ganz zufrieden, wenn die Kinder niesen, das heißt, wenn sie irgendein wahres Zeichen von Gnade geben, wie schwach oder undeutlich es auch sein mag.

Wäre Gehasi dabei gewesen, hätte er vielleicht nicht viel von diesem Niesen gehalten, eben weil er sich nie über das Kind gebreitet hatte – Elisa dagegen genügte es. Wenn wir, du und ich, wirklich eine Seele in treuer Fürbitte auf dem Herzen getragen haben, so werden wir ein sehr scharfes Auge für die ersten Gnadenzeichen bei dem Betreffenden haben. Wir würden Gott von Herzen danken, wenn das Zeichen auch nur in einem Niesen bestehen würde.

„Danach tat der Knabe seine Augen auf." Und wir wagen zu sagen, Elisa hatte nie zuvor so schöne

Augen gesehen. Ich weiß sicherlich nicht, was für Augen es waren, ob graue oder blaue, eins aber weiß ich, dass ein Auge, das Gott euch auftun hilft, für euch ein schönes sein wird.